Herbert Schmidt
Ein integratives Konzept zur Erstellung von CBT-Programmen

AF126557

Schriftenreihe
„Versicherung und Risikoforschung"
des Instituts für betriebswirtschaftliche Risikoforschung und Versicherungswirtschaft der Ludwig-Maximilians-Universität, München

Herausgegeben von Prof. Dr. Elmar Helten

Band 12

Eine Liste der bisherigen Veröffentlichungen finden Sie auf der letzten Seite des Buches.

Herbert Schmidt

Ein integratives Konzept zur Erstellung von Computer-Based-Training-Programmen

dargestellt am Beispiel eines CBT-Programms für die versicherungsbetriebliche Aus- und Weiterbildung

Die Deutsche Bibliothek – CIP-Einheitsaufnahme

Schmidt, Herbert :
Ein integratives Konzept zur Erstellung von Computer-Based-Training-Programmen : dargestellt am Beispiel eines CBT-Programms für die versicherungsbetriebliche Aus- und Weiterbildung / Herbert Schmidt.
- Wiesbaden : Gabler 1993
    (Schriftenreihe „Versicherung und Risikoforschung" des Instituts für
    Betriebswirtschaftliche Risikoforschung und Versicherungswirtschaft
    der Ludwig-Maximilians-Universität, München ; Bd. 12)
    ISBN-13: 978-3-409-18812-8   e-ISBN-13: 978-3-322-89780-0
    DOI: 10.1007/978-3-322-89780-0

NE: Institut für Betriebswirtschaftliche Risikoforschung und Ver-
    sicherungswirtschaft München : Schriftenreihe „Versicherung und ...

Der Gabler Verlag ist ein Unternehmen der Verlagsgruppe Bertelsmann International.

© Betriebswirtschaftlicher Verlag Dr. Th. Gabler GmbH, Wiesbaden 1993
Lektorat: Monika L. Döge

Höchste inhaltliche und technische Qualität unserer Produkte ist unser Ziel. Bei der Produktion und Verbreitung unserer Bücher wollen wir die Umwelt schonen: Dieses Buch ist auf säurefreiem und chlorfrei gebleichtem Papier gedruckt.

Die Wiedergabe von Gebrauchsnamen, Handelsnamen, Warenbezeichnungen usw. in diesem Werk berechtigt auch ohne besondere Kennzeichnung nicht zu der Annahme, daß solche Namen im Sinne der Warenzeichen- und Markenschutz-Gesetzgebung als frei zu betrachten wären und daher von jedermann benutzt werden dürften.

ISBN-13: 978-3-409-18812-8

Vorwort des Herausgebers

Die Versicherungswirtschaft ist ständig bemüht, ihre umfangreichen Angebote auf dem Gebiet der betrieblichen Aus- und Weiterbildung zu aktualisieren und zu verbessern. Einerseits müssen die gemeinschaftlich entwickelten Ausbildungsprogramme des Berufsbildungswerks der Deutschen Versicherungswirtschaft und der Deutschen Versicherungs-Akademie den sich immer schneller ändernden betrieblichen und exogenen Anforderungen angepaßt werden, andererseits besteht in jedem einzelnen Versicherungsunternehmen die Notwendigkeit, die individuelle Weiterbildung der Mitarbeiter zu erweitern und zu intensivieren.

Die Maßnahmen der Personalförderung werden seit einigen Jahren immer aufwendiger. Die Wachstumsraten der Aus- und Weiterbildungskosten steigen schneller als die Prämieneinnahmen. Allein aus Kostengründen muß man externe Weiterbildungsangebote nutzen und DV-gestützte Methoden der individuellen Weiterbildung entwickeln.

Aufgrund ihres speziellen Anforderungsprofils gelingt es Rückversicherungsunternehmen nur selten, rückversicherungsspezifisch ausgebildete Mitarbeiter einzustellen. Der individuelle Aus- und Weiterbildungsbedarf ist deshalb bei Rückversicherungsunternehmen besonders groß. Hinzu kommt, daß der spezielle Aus- und Weiterbildungsbedarf der Rückversicherung zufällig verteilt über das Jahr auftritt – eben dann, wenn ein neuer Mitarbeiter eingestellt wird.

Wegen des hohen Aufwands können jedoch Einführungskurse in die Rückversicherung nicht ad hoc oder individuell angeboten werden. So liegt es nahe, ein EDV-gestütztes Lehr- bzw. Lernprogramm „Rückversicherung" zu entwerfen, das aufgrund seiner Flexibilität zu beliebigen Zeiten, an verschiedenen Arbeitsplätzen und unbegrenzt oft genutzt werden kann.

Um die Akzeptanz dieses neuen Lernmediums Computer-Based-Training (CBT) bei den potentiellen Nutzern zu gewährleisten, wurde beim Entwurf des CBT-Programms „Rückversicherung" ein neuer Weg beschritten. Der Verfasser entwickelte ein sogenanntes „interaktives Konzept" zur Erstellung von

V

CBT-Programmen, das es gestattet, das CBT-Programm schon während der Erstellung phasenweise empirisch zu überprüfen sowie Lernziele und Lernzielerfüllung durch Rückkopplung aufeinander abzustimmen.

Um das Sach- und Methodenwissen der CBT-Autoren zu sichern und zu erhöhen, wurden Inhaltsspezialisten aus der Rückversicherungspraxis bei der Erstellung des CBT-Programms hinzugezogen. Um die Integration von CBT-Programmen in das betriebliche Bildungswesen zu fördern, wurden spätere Nutzer an der Entwicklung des CBT-Programms beteiligt. Um schließlich das CBT-Programm systematisch zu strukturieren, wurden auch Studenten in die Projektgruppen aufgenommen. Durch diese abgewogene Mischung des CBT-Autorenteams und die Struktur des interaktiven Konzepts wurde – wie die abschließende Akzeptanzanalyse zeigt – die Zielerreichung der versicherungsbetrieblichen Aus- und Weiterbildung erhöht und die Sach-, Sozial-, Selbst- und Systemkompetenz der Lernenden verbessert.

München, im Mai 1993   Elmar Helten

Inhaltsverzeichnis

Abbildungsverzeichnis

1. Theoretische und methodische Grundlagen der Arbeit

1.1. Betriebspädagogische Grundlagen

1.1.1. Die methodologische Position

Diese Arbeit beruht auf einer hermeneutisch-pragmatischen Vorgehensweise. Ziel der hermeneutischen Pädagogik ist das Verstehen der Erziehungswirklichkeit[1] und somit der Einbezug der realen pädagogischen Situation. Aus diesem Blickwinkel Schlüsse für künftiges pädagogisches Handeln zu ziehen, entbehrt jedoch nicht eines 'spekulativen' Charakters. So sollen auch hier im Sinne von FLITNER empirische und spekulative Ansatzpunkte miteinander verbunden werden: "Die normativ gegebenen Entscheidungen ... können nicht ohne weiteres in pädagogische Anweisungen für die Praxis verwandelt werden: sie müssen erst im pädagogischen Feld konkretisiert, aufgesucht und dort in ihrem Beziehungs- und Wirkungsgefüge verstanden werden. Zwischen den Tatbeständen, auf welche die Empiriker blicken und jene, die durch Wertephilosophie oder durch theologische oder durch politische Normierung gestützt scheinen, befindet sich eine Zwischenwelt, in der das erzieherische Geschehen mit seiner Verantwortung liegt. An dieser Stelle beginnt die selbständige Gesinnung und Forschung der Pädagogik."[2] So bewegt sich auch diese Arbeit in einer solchen 'Zwischenwelt'; sie versucht, nach einer Konkretisierung der Probleme der realen Welt der versicherungsbetrieblichen Aus- und Weiterbildung, Handlungsanregungen für die Lösung dieser Problemfelder zu geben. Basis sind empirische Forschungsergebnisse und spekulative Ansatzpunkte, die aus dem zugrunde liegenden pädagogischen Modell abgeleitet werden. Das bedeutet mit den Worten von Heinrich ROTH gerade nicht, "die normative Macht des Faktischen anzuerkennen, sich der Wirklichkeit zu fügen, sondern umgekehrt, die angeblichen Fakten, das scheinbar unabänderlich Gegebene, unter der produktiven Fragestellung, die die pädagogische Idee entwickelt, auf noch verborgene pädagogische Möglichkeiten hin herauszufordern. For-

---

[1] Vgl. *Danner*, H.: Methoden Geisteswissenschaftlicher Pädagogik: Einführung in Hermeneutik, Phänomenologie und Dialektik, München, Basel 1979, Seite 99.

[2] *Flitner*, W.: Das Selbstverständnis der Erziehungswissenschaft in der Gegenwart, Heidelberg 1957, Seite 23.

schung ist gerade Offenheit für neue Erfahrungen, in Frage stellen bloßer Meinungen und angeblicher Tatsachen."[3]

1.1.2. Konzept der betrieblichen Bildung

Die sich immer stärker beschleunigende Produktion von Wissen in zahlreichen Disziplinen läßt die Wissensbestände der Aus- und Weiterbildung schnell veralten. Eine kontinuierliche Umsetzung von neuem Wissen in die berufliche Praxis wird immer unumgänglicher[4]. Notwendig hierfür sind Lernmedien, die von der Zielgruppe akzeptiert werden und das Selbststudium unterstützen.

Bildung bedeutet nicht mehr Schulung spezifischer Fähigkeiten, also nur einzelner Aspekte eines Menschen zur Anpassung an eine veränderte Umwelt, sondern die Erziehung zu einem selbstverantwortlich handelnden Subjekt. Die hierfür notwendige Flexibilität und Kreativität kann nicht durch langfristig festgelegte Handlungsanweisungen erreicht werden, sondern nur durch **Selbstregulation**[5], die ihrerseits auf Selbstbestimmung basiert und nicht auf Fremdbestimmung. Um dieses Verständnis von 'Bildung' umzusetzen, werden Lernmedien benötigt, welche vom Lerner kontrolliert und gesteuert werden können. "Medien sind so alt wie die Menschheit, denn zu allen Zeiten haben die Menschen bei ihren Versuchen sich zu verständigen, technische Mittler benutzt. Höhlenzeichnungen, Keilschriftsteinplatten, handschriftliche oder gedruckte Bücher, Buschtrommeln sowie Morsegeräte, Telefon, Film und Rundfunk, schließlich Satellitenfernsehen, Bildschirmtext und Videokonferenz: Sie alle sind auf unterschiedlichem technischen Niveau und markieren unterschiedliche Entwicklungsphasen der Mediengeschichte."[6]

Verfolgt man die Entwicklung von Lernmedien, läuft sie parallel zur Entwicklung allgemeiner Kommunikationsmedien. Die Interaktions- bzw. Dialogfähigkeit spielt jedoch bei den Lernmedien eine wesentlich größere Rolle. Durch die Eingriffsmöglichkeit der Lerners in den Lernvorgang entstehen völlig neue didaktische Probleme. Betrachtet man die Entwicklung computerunterstützter Lernprogramme, so spiegelt sie nicht nur die technische Weiterentwicklung der Medien wider, sondern auch die didaktische Weiterentwick-

---

[3] *Roth*, H.: Die Realistische Wendung in der pädagogischen Forschung, in: Erziehungswissenschaft und Erziehungswirklichkeit, hrsg. von H. Röhrs, Frankfurt, 1964, 2. Auflage 1967, Seite 184.

[4] Vgl. *Wegenberger*, J.: Lernen mit dem Computer: Ein Schlagwort unserer Zeit?, in: Computerlernen und Autorensysteme; hrsg. von Helmut Küffner und Christoph Seidel, Stuttgart, 1989, Seite 10.

[5] Vgl. *Schäffer*, L.: Bildung als strategischer Faktor, in Personalführung, 11/90, Seite 728.

[6] *Hüther*, J.: Neue Medien; in: Handbuch Personalentwicklung und Training: Ein Leitfaden für die Praxis; hrsg.von Karlheinz A. Geißler u.a.; Köln 1990, Loseblattsammlung Stand Mai 1991, Kapitel 9.1.2.0., Seite 3.

lung. Moderne Programme gehen weg von rein fremdbestimmten 'drill and practice'-Strukturen[7], in denen der Lerner auf einem festgelegten Pfad durch das Programm dirigiert wird, und hin zu Programmen, in denen der Lerner den Programmablauf selbst steuert. "Die Besonderheit interaktiver Lernsysteme liegt in ihrer Dialogfähigkeit, bei der wesentliche Mängel traditioneller Bildungsmedien dadurch abgestellt sind, daß der Teilnehmer ein agierendes und nicht nur passiv rezipierendes Glied im Prozeß der Bildungsvermittlung ist."[8] Zu dieser Dialogfähigkeit kommt bei modernen Computer-Based-Training (CBT) - Programmen noch die Steuerungsmöglichkeit, so daß der Lerner seinen Weg durch das Lernprogramm selbst bestimmen kann. Medien, die den Lerner animieren, seine eigenen Lernaktivitäten selbst zu planen und zu regulieren schaffen Freiräume, welche situationsadäquate Entscheidungen in der eigenen Lerngeschichte ermöglichen. Lernt der Mitarbeiter dadurch auch Freiräume in seinem Aufgabengebiet situationsadäquat im Sinne der Unternehmensziele zu nutzen, wird Bildungsarbeit zum entscheidenden Faktor der Unternehmensführung und -entwicklung. Denn abstrakte Unternehmensziele und -strategien realisieren sich erst durch die Entscheidungen und Handlungen der Mitarbeiter[9].

1.1.3. Der Theorie-Praxis-Bezug

Inwieweit soll oder muß eine wissenschaftliche Arbeit die spätere Umsetzung ihrer theoretischen Erkenntnisse in praktische Tätigkeiten berücksichtigen? Sowohl in der historischen Betrachtung wie auch in der aktuellen Diskussion finden sich zwei polare Sichtweisen.

Zum einen beharren Wissenschaftler auf einer strikten Trennung zwischen Theorie und Praxis. Ja sie fordern eine völlige Unabhängigkeit der wissenschaftlichen Forschung von praktischen Problemstellungen, "einer Befreiung der theoretischen Pädagogik von den Forderungen und Bedürfnissen der Praxis"[10].

Andere Wissenschaftler gehen so weit, daß sie direkte Handlungsanweisungen aus ihren Erkenntnissen deduzieren und für den praktischen Einsatz formulieren. So versuchte z.B. in der pädagogischen Psychologie THORNDIKE psychologische Erkenntnisse direkt auf praktische Problemstellungen zu übertragen. Aus seiner behavioristischen Sicht wird nur

---

[7] Siehe *Keil*, K. A.: Das Projekt Computerunterstützter Unterricht Augsburg, Augsburg 1976.

[8] *Hüther*, J.: Neue Medien, a.a.O., Seite 16.

[9] Vgl. *Helten*, E.; *Schmidt*, H.: Das 'Spiel' Versicherung spielend lernen, in: Die Dienstleistung Versicherungsschutz in Wissenschaft und Bildung, Festschrift für Gerhard Lukarsch zur Vollendung seines 60. Lebensjahres, hrsg. von Roland Eisen und Elmar Helten, Seite 101.

[10] *Prüfers*, J.: Theorie und Praxis in der Erziehung, Leipzig 1919, Seite 42.

ein "einsichtiger Lehrer" benötigt, welcher die psychologischen Grundsätze "auf geeignete Gegenstände der Erziehungstheorie und -praxis anwendet"[11].

An diesen beiden historischen Beispielen sollen die beiden Pole der Diskussion dargestellt werden. Der Autor schließt sich jedoch jenen Wissenschaftlern an, welche den Theorie-Praxis-Bezug differenzierter betrachten. Die Betriebswirtschaftslehre, die Pädagogik und hier im speziellen die Betriebspädagogik kann sich nicht völlig von der praktischen Umsetzung und den praktischen Problemen der Betriebserziehung lösen, um in einem 'Elfenbeinturm' zu forschen. Vielmehr muß sie, wenn man sie als handlungsorientierte Wissenschaft begreift, Problemstellungen aus der praktischen betrieblichen Erziehung aufgreifen und diese Probleme mit ihrem pädagogischen Instrumentarium durchleuchten. Andererseits darf von der pädagogischen Forschung nicht erwartet werden, daß ihre Erkenntnisse in Form von 'Wenn-Dann-Rezepten' formuliert werden.[12] Wird der zu erziehende Mensch als Individuum mit eigener Historie bzw. die zu erziehende Gruppe als einmalige Zusammenstellung von Individuen in einer einmaligen Situation gesehen, so kann die Aufgabe der Pädagogik nur das Aufzeigen von Möglichkeiten und Gefahren für das Erreichen der pädagogischen Ziele sein.

Ziel dieser Arbeit ist es, ein Konzept zur Erstellung von CBT-Programmen zu entwickeln, um damit ein Lernprogramm für die versicherungsbetriebliche Aus- und Weiterbildung zu erstellen. Um dem geforderten Praxisbezug gerecht zu werden, wird das Konzept anhand dieses Praxisprojektes dargestellt. In dieser Arbeit soll auch dargelegt werden, welche Aspekte bei der Gestaltung und beim Einsatz dieser Medien aus pädagogischer Sicht berücksichtigt werden müssen. Diese Anregungen sind jedoch im obigen Sinne nicht als Rezepte anwendbar, sondern es bedarf des kreativen Handelns des Betriebspädagogen vor Ort, um in der gegebenen Situation mit den unterschiedlichen Bedürfnissen der Teilnehmer und den zur Verfügung stehenden Mitteln eine optimale Umsetzung seiner Ziele zu erreichen. Im letzten Kapitel der Arbeit wird dargestellt, welchen Beitrag das erarbeitete Konzept zur Erreichung der Bildungsziele liefern könnte.

---

[11] *Thorndike*, E. L.: Psychologie der Erziehung, Jena 1930, 2. Auflage, Seite XIII.

[12] Siehe *Helten*, E.: Versicherungsökonomie zwischen theoretischem Anspruch und empirischer Relevanz, in: ZVersWiss, Karlsruhe 1990, Seite 359ff. Helten diskutiert in diesem Aufsatz die Diskrepanz zwischen Wissenschaft und Praxis in der Versicherungsökonomie und fordert eine Realtheorie der Versicherung.

1.2. Computer-Based-Training

Ein Lernprogramm ist eine bestimmte Folge von Anweisungen, bei denen Lernstoff nach einer Struktur aufbereitet ist. Häufig wird in der Literatur statt Lernprogramm auch die Bezeichnung Lehrprogramm verwendet[13].

Grundsätzlich unterscheidet man drei Strukturen von Lernprogrammen, die lineare Struktur, die verzweigte und die offene Struktur.

Lineare Struktur:

Hier arbeitet der Lerner das Lernprogramm in einer vorgegebenen Reihenfolge der Lernschritte durch. Er hat keine Möglichkeit, die Reihenfolge der Kapitel zu ändern, es existieren keine alternativen Lernwege usw. Diese Struktur von CBT-Programmen bietet sich nur für sehr kurze Programme an, die mit wenig Aufwand erstellt werden müssen.

Verzweigte Struktur:

Hier kann sich der Lerner relativ frei mit Hilfe von Entscheidungsbäumen durch ein komplexes Programm bewegen. Er kann die Kapitel in beliebiger Reihenfolge und beliebig oft bearbeiten. Dabei werden dem Lerner alternative Lernwege angeboten. Wenn er zum Beispiel eine Aufgabe nicht lösen kann wird ihm angeboten, die Lerninhalte auf einem anderen Lernweg mit neuen Beispielen zu wiederholen. Moderne Lernprogramme bedienen sich in der Regel dieser Struktur, da sie dem Lerner relativ viele Freiheiten läßt, aber gleichzeitig einen sinnvollen Lernweg anbietet.

Offene Struktur:

Offene Strukturen, wie 'Hypertext-' und 'Hypermediastrukturen' stellen eine Vielzahl von Informationsobjekten zur Verfügung, welche miteinander in Verbindung stehen und beliebig verknüpft werden können. Diese Informationsobjekte können zum Beispiel Textstellen aus einem Lexikon oder Fachbuch sein. Es können aber auch Bilder, Grafiken oder Filmsequenzen bereitgestellt werden. Je nach Interesse des Lerners kann er in dieser 'Wissensbasis' recherchieren. Diese Struktur bietet sich an, wenn große Informationsmengen zur Verfügung gestellt werden sollen, aber die Ziele des Lerners unklar sind. Eine vorausgehende Formulierung von konkreten Lernzielen ist bei dieser Struktur nicht möglich und auch nicht sinnvoll. Da nicht erwartet werden kann, daß der Lerner alle Informationen abruft, ist auch eine Lernerfolgs*kontrolle* kaum möglich.

---

[13] Vgl. *Sacher*, W.: Computer und die Krise des Lernens: Eine pädagogisch-anthropologische Untersuchung zur Zukunft des Lernens in der Informationsgesellschaft, Bad Heil-bronn/Obb. 1990, Seite 111 f.

Für das Lehren und Lernen am Computer unter Einsatz von dafür vorgesehener Software auf EDV-Anlagen hat sich seit Ende der 50er, Anfang der 60er Jahre eine Vielzahl an Begriffen herausgebildet[14].

- CAI   Computer Aided/Assisted Instruction

- CAL   Computer Aided/Assisted Learning

- CBE   Computer Based Education

- CBI   Computer Based Instruction

- CBL   Computer Based Learning

- CBT   Computer Based Training

- CUU   Computerunterstützter Unterricht

- ILS   Interactive Learning System

Diese Begriffe verdeutlichen zwar in Nuancen unterschiedliche Vorstellungen der jeweiligen Autoren, werden aber meist synonym verwendet[15].

JANOTTA[16] definiert CBT aus der Dreiteilung des Begriffs:

Computer: CBT wird mit Hilfe des Computers durchgeführt. Dabei ist nicht festgelegt, ob Großrechner, Rechnernetze, Mehrplatzsysteme, PCs oder einfache Homecomputer zur Anwendung kommen. Als Gegenstand ist prinzipiell jeder Themenbereich geeignet.

Based: Die Grundlage der eingesetzten Technik heißt Computer. Die Methode CBT kann und soll aber innerhalb eines komplexen Bildungskatalogs (Medienmix) angeboten werden.

---

14 *Jankowski*, R.: Informationstechnische Möglichkeiten - Hardware- und Softwarevoraussetzungen für die Realisierung von Modulen in einem CUU-System, in: Computerunterstützter Unterricht, Möglichkeiten und Grenzen, hrsg. von P. Schmitz und N. Szyperski, Braunschweig, Wiebaden 1987, Seite 38.

15 Vgl. *Steppi*, H.: CBT - Computer Based Training,: Planung, Design und Entwicklung interaktiver Lernprogramme, Stuttgart 1989, Seite 13; Vgl. auch *Kapoun*, J: Computerunterstützter Unterricht, in: io Management-Zeitschrift Nr. 56 10/1987, Zürich 1987, Seite 466.

16 Vgl. *Janotta*, H.: Computer Based Training in der Praxis: Grundwissen, Einführungsmethodik, Projektplanung, und -abwicklung, Bewertungskriterien, Landsberg/Lech 1990 Seite 4f; siehe hierzu auch *Jankowski*, R.: Informationstechnische Möglichkeiten - Hardware- und Softwarevoraussetzungen für die Realisierung von Modulen in einem CUU-System, in: Computerunterstützter Unterricht, Möglichkeiten und Grenzen, hrsg. von P. Schmitz und N. Szyperski, Braunschweig, Wiebaden 1987, Seite 38; *Seidel*, Ch.; *Lipsmeier*, A.: Computerunterstütztes Lernen, Entwicklungen - Möglichkeiten - Perspektiven, Stuttgart 1989, Seite 17, und *Curth*, M.: Kombination von Planspieltechnik und Computer Based Training zur Schulung von Einkäufern im Handel, - Möglichkeiten zur Messung und Verbesserung des Entscheidungsverhaltens, dargestellt an einem konkreten Schulungsprozeß-, Essen 1987, Seite 31.

Training: Training verlangt vom Lerner ein Basiswissen, also ein vorhergehendes Lernen. Training kann erworbenes Wissen lediglich üben und vertiefen. CBT ergänzt und unterstützt konventionelle Bildungsmaßnahmen.

Erweitert man diese Definition mit dem Begriff der **Interaktion,** so bedeutet interaktiv die Fähigkeit des Lernprogramms, mit dem Lerner in einen Lerndialog treten zu können. Dabei kann entweder der Lerner oder der Computer den Anstoß zur Interaktion durchführen. Fast alle Interaktionen lassen sich von zwei Grundformen ableiten[17]:

1. Frage-Antwort-Antwortanalyse-Rückmeldung

2. Anweisung-Handlung-Handlungsanalyse-Rückmeldung

Sinn der Interaktivität ist es, die Lernaktivität des Lerners zu provozieren[18] und ihn zu einer aktiven Auseinandersetzung mit dem Lernstoff zu aktivieren.

> CBT soll im Rahmen dieser Arbeit definiert werden als Lehrmethode zum individuellen Selbststudium unter Zuhilfenahme des Computers und interaktiver, speziell zu diesem Zweck erstellter Software.

Die Vorteile von CBT formuliert WEUSTENHAGEN wie folgt:

"Die Methode erlaubt es, neue oder veränderte Sachverhalte bzw. Arbeitsablaufverfahren schnell kennenzulernen. Die Auszubildenden sind aktiv, können selbst ihr Wissen kontrollieren und erfahren durch Erfolgserlebnisse eine unmittelbare Verstärkung. Die Methode ermöglicht individuelles Lernen, denn Lerntempo, Lernzeit, Lerndauer und Lernrhythmus können weitgehend selbst bestimmt werden. Fehlendes Wissen kann leicht aufgearbeitet werden: alle Auszubildenden können einen annähernd gleichen Kenntnisstand erreichen. Programmierte Unterweisungen lassen sich beliebig oft in gleicher Güte wiederholen."[19]

---

[17] *Steppi*, H.: CBT - Computer Based Training, a.a.o., Seite 49.

[18] *Curth*, M.: Kombination von Planspieltechnik und Computer based Training ..., a.a.o., Seite 35.

[19] *Weustenhagen*, H.: Durchführung der betrieblichen Ausbildung, Ausbildungsmethoden, in: Ausbildung in der Versicherungswirtschaft, Grundsätze und Lösungshilfen für die Praxis und die Ausbilderprüfung, Band I, hrsg. vom Berufsbildungswerk der Versicherungswirtschaft, Köln 1984, Seite 162 ff.

2. Ziele der versicherungsbetrieblichen Aus- und Weiterbildung

2.1. Sachkompetentes Handeln

Unter Sachkompetenz versteht man das kompetente Durchdringen der Sachwelt. Die versicherungsbetriebliche Sachwelt kann durch folgende Hauptgebiete charakterisiert werden:

- Kaufmännisches und rechtliches Wissen
- Versicherungstechnisches Wissen
- Risikotheoretisches Wissen.

Die Sach- oder Fachkompetenz umfaßt jenes Wissen bzw. jene Fähigkeiten und Fertigkeiten, welche benötigt werden, um die fachlichen Aufgaben der beruflichen Tätigkeit zu erledigen. Die Fachkompetenz läßt sich aufteilen in Faktenwissen und Methodenwissen. Zum Faktenwissen zählen zum Beispiel die rechtlichen Bestimmungen über Obliegenheiten im Schadenfall, das Methodenwissen stellt die benötigten Methoden zum Beispiel zur Bearbeitung von Schadenfällen zur Verfügung. Beim Faktenwissen handelt es sich um eine Vielzahl von Tatbeständen oder Daten. Die Zusammenhänge zwischen diesen Tatbeständen lassen sich oft in Form von Gesetzmäßigkeiten darstellen. Methodenwissen stellt Vorgehensweisen zu Verfügung um diese Tatbestände zu ermitteln und zu überprüfen und bietet Verfahren an, mit welchen die Daten in effizienter Weise kombiniert werden können..

Der Begriff Wissen wurde in den 80er Jahren zu einem zentralen Forschungsbereich in der Pädagogik. "Es wurde erkannt, daß das Entstehen von Kompetenzen und Fertigkeiten keineswegs allein über die Förderung genereller kognitiver Fähigkeiten zu erreichen war und daß das fach- und domänenbezogene Wissen eine zentrale Rolle spielt."[20]

Um die Fachkompetenz genauer zu determinieren, muß man sie in zwei Qualitäten differenzieren: Zum einen fachliches Wissen im eigenen Fachbereich, zum anderen

---

[20] *Mandl*, H.; Gruber, H.; Renkl, A.: Neue Unterrichtstechnologien II, in: Empirische Pädagogik: 1970 - 1990; eine Bestandsaufnahme der Forschung in der Bundesrepublik Deutschland, hrsg. von K. Ingenkamp und R.S. Jäger, Weinheim 1992, Band II, Seite 489.

'Mithörwissen'[21] in übergreifenden Bereichen. Diese Unterscheidung spiegelt sich in der Auswahl und der Intensität der Lerninhalte wieder.

Durch die fortschreitende Verbreitung der elektronischen Datenverarbeitung wird nicht nur Faktenwissen in immer größer werdendem Umfang immer schneller abrufbar, sondern auch Methodenwissen durch Expertensysteme abgebildet.[22] Somit erhält die Sachkompetenz eine neue Qualität. "Die in den heutigen Bildungsprogrammen dominierenden kognitiven Lernbereiche werden in vielen Fällen infolge leicht und kostengünstig abrufbarer Informationen überflüssig"[23]. Diese Aussage muß relativiert werden; überflüssig werden Teile des Faktenwissens und einfache Anwendungsmethoden, welche problemlos auf die EDV übertragen werden können. Dies bedeutet aber nicht, daß die kognitiven Lerninhalte in den Bildungsprogrammen an Bedeutung verlieren, sie müssen jedoch neu definiert werden. So wird sich ein neuer Schwerpunkt der kognitiven Lernziele auf das immer komplexer werdende Methodenwissen konzentrieren. Denn selbst wenn immer mehr Methoden in ihrer Ausführung von Expertensystemen übernommen werden, wie zum Beispiel die Prämienberechnung in der Geschäfts- und Industrieversicherung, muß der Benutzer dieser Expertensysteme doch die Methoden und ihre Auswirkungen kennen, um das Expertensystem sinnvoll und effizient einzusetzen. Durch die Verbreitung von Taschenrechnern wurden auch nicht die Grundrechenarten aus den Lehrplänen der Grundschulen verdrängt. Bezogen auf die versicherungsbetriebliche Aus- und Weiterbildung bedeutet dies: Faktenwissen und einfaches Methodenwissen, welches zum Beispiel für die Risikoprüfung von einfachen Risiken oder der Prüfung eines Versicherungsantrages im Standardgeschäft notwendig ist, wird an Bedeutung verlieren. An Bedeutung zunehmen wird jedoch zum Beispiel Wissen über die Zusammenhänge von Versicherungsprodukten sowie deren Beziehung zu alternativen Produkten (Finanzdienstleistungsberatung, Riskmanagement-Beratung).

2.2. Sozialkompetentes Handeln

Unter Sozialkompetenz soll die Durchdringung der sozialen Strukturen der Umwelt verstanden werden, das heißt die Einsicht in soziale Interaktionen und die Auswirkungen des eigenen Handelns auf andere Menschen. Zu unterscheiden ist hier die Einsicht in das

---

[21] *siehe Dubs*, R.: Ausbildungsszenarien für das Jahr 2000, in: Versicherungs Rundschau, 12/90, Seite

[22] Vgl. *Helten*, E.: Wettbewerbsvorteile durch Expertensysteme, in: Versicherungswirtschaft, 5/92, S. 291ff.

[23] *Ackermann*, W.: Die Verknüpfung von Sachfragen und Bildungsfragen, a.a.o., Seite 402.

eigene Handeln, daß heißt wie ich mit anderen Menschen umgehe und die Einsicht in soziale Interaktionen **zwischen** Menschen. Bei einer Führungskraft wären dies zum Beispiel der eigene Führungsstil und die gruppendynamischen Prozesse in der zu führenden Gruppe. Ebenso muß in unmittelbare und mittelbare Auswirkungen des eigenen Handelns auf Menschen zu unterschieden werden.

Für die versicherungsbetriebliche Aus- und Weiterbildung bedeutet dies, daß folgende Schwerpunkte berücksichtigt werden müssen:

- Gruppendynamische Prozesse in Arbeitsgruppen

- Führungswissen

- soziale Strukturen im Versicherungsunternehmen (informelle Gruppen, Leitende/nicht Leitende usw.)

- soziale Beziehung zwischen Innen- und Außendienst

- soziale Beziehungen nach außen (Kunden, Lieferanten, Aktionäre, sonstige Dritte)

2.3. Selbstkompetentes Handeln

Selbstkompetenz bedeutet Einsicht in die eigene Entwicklung und die kritische Auseinandersetzung mit Werten und Normen der Umwelt. Dies setzt die kritische Betrachtung der eigenen Person und der Umwelt voraus. Ein 'focus on self' führt zu stärkerer Auseinandersetzung mit dem eigenen Ich, mit der eigenen Geschichte, mit dem 'Ich, das unbekannte Wesen'[24]. Diese Selbstbetrachtung darf jedoch nicht zu einem egozentrischen Weltbild führen, sondern zu einem Entdecken der eigenen Bedürfnisse, der eigenen Wertmaßstäbe und den Ansprüchen an sich selbst.

"Eine falsch verstandene Erziehung zur Kritikfähigkeit verleitet immer mehr Menschen zur Kritik an allem und zu Schuldzuweisungen, selten aber zur dringend notwendigen Selbstkritik. Dazu gesellt sich die Unfähigkeit vieler - vor allem intellektuell guter - Leute im Umgang mit Emotionen, die unser Leben ... immer mehr beeinflussen."[25]

---

[24] *siehe Dubs*, R.: Ausbildungsszenarien für das Jahr 2000, a.a.o., Seite 360.
[25] ebenda Seite 360.

In der Gegenüberstellung mit der Umwelt, den Ansprüchen der Umwelt und anderer Menschen an die eigene Person wird das 'focus on self' relativiert. Durch die kritische Reflexion dieses Wechselspiels zwischen der eigenen Person und der Umwelt soll Kompetenz im Hinblick auf verantwortungsbewußtes, selbstverantwortliches Handeln erreicht werden.

Selbstverantwortlich bedeutet nicht allein 'nur sich selbst verantwortlich', sondern verantwortlich in bezug auf sein eigenes Wertesystem, welches auch die Verantwortung für andere Menschen und die Umwelt impliziert. Selbstverantwortlich wird also im Gegensatz zu fremdverantwortlich gesehen.

Selbstkompetenz setzt somit Reflexion über eigenes Handeln und Wissen voraus, das heißt Abstraktion von der Stufe des Wissens, der Kognition, auf die Ebene der Metakognition. " Flüchtig betrachtet scheint es einfach, zwischen Kognition und Metakognition , ... , zu unterscheiden. Metakognitionen sollten sich als Kognitionen zweiter Ordnung, also Kognitionen über Kognitionen, Wissen über Wissen oder Reflexionen über Handeln eindeutig klassifizieren lassen."[26] Eine präzise Definition von Metakognition liegt in der Literatur nicht vor. In dieser Arbeit soll Metakognition in bezug auf Lernen als Wissen über das eigene Lernverhalten und -vermögen, über den eigenen Wissensstand sowie als Wissen über die explizite Planung eigener Lernvorgänge definiert werden. Dieses Wissen soll zur Fähigkeit führen, selbständig sein eigenes Wissen zu diagnostizieren, Defizite zu erkennen, Lernwege zu planen und durchzuführen. "So versteht man unter Metagedächtnis meistens das Wissen eines Menschen über die allgemeinen Regelhaftigkeiten des Gedächtnisses und über die Besonderheiten seines eigenen Gedächtnissystems, Sensibilität gegenüber Erfahrungen beim Einprägen, Speichern und Abrufen unterschiedlicher Informationen in variablen Situationen und schließlich ein System zur zieladaptiven Planung, Steuerung, Überwachung und Bewertung des eigenen Verhaltens beim Lernen und Erinnern."[27]

FLAVELL unterscheidet folgende Variablen:

- Personenvariablen: intraindividuelles, interindividuelles und universelles Wissen

- Aufgabenvariablen: "damit ist gemeint, daß wir etwas darüber lernen, in welcher Weise die Art der Aufgabe ... die Auseinandersetzung mit ihr beeinflußt. ...mit welcher Aufmerksamkeitszuwendung man die Aufgabe bewältigen muß".

---

[26] *Weinert*, F. E.: Metakognition und Motivation als Determinanten der Lerneffektivität: Einführung und Überblick, in: Metakognition Motivation und Lernen, hrsg. von Franz E. Weinert, Rainer H. Kluwe, Stuttgart 1984, Seite 14 f.

[27] ebenda Seite 15.

- Strategievariablen: "... Wissen über kognitive Strategien oder Prozeduren, um einen gegebenen Zustand zu verändern und um Ziele anzustreben."[28]

Für die versicherungsbetriebliche Aus- und Weiterbildung bedeutet das, die Mitarbeiter dahingehend zu qualifizieren, daß sie ihre Kompetenzdefizite erkennen können und wissen, welche Lernstrategien und Lernmittel sie anwenden können, um die Defizite zu verringern.

2.4. Systemkompetentes Handeln

"Unternehmen sind lebendige, komplexe, vernetzte Systeme. Verändert man darin einen Vorgang, verändern sich auch viele andere und deren Veränderung wirkt wieder auf den ersten zurück. Die natürliche Struktur vernetzter Systeme ist konzentrisch. Es finden sich also zentrale Punkte, Knoten, deren Beeinflussung regelrechte Kettenreaktionen auslösen."[29]

Unter Systemkompetenz soll die Fähigkeit verstanden werden, die systemische Umwelt mit ihren Subsystemen durchdringen zu können. So bildet das Versicherungsunternehmen ein Subsystem der Versicherungswirtschaft und diese wiederum ein Subsystem unseres Wirtschaftssystems. Das System 'Versicherungsunternehmen' läßt sich wiederum, zum Beispiel in Subsysteme wie Abteilungen, Fachbereiche, Innen- und Außendienst, aber auch in formelle und informelle Subsysteme, wie wir sie aus der Organisationspsychologie kennen[30] unterteilen.

Bezieht man die Systemkompetenz auf die Versicherungswirtschaft, versteht man unter Systemkompetenz das bewußte Erkennen und Einordnen des Systems 'Versicherungsunternehmen'[31] in der Subsystemordnung und das bewußte Erkennen und

---

28 *Flavell*, J. H.: Annahmen zum Begriff der Metakognition sowie zur Entwicklung von Metakognition, in: Metakognition Motivation und Lernen, hrsg. von Franz E. Weinert, Rainer H. Kluwe, Stuttgart 1984; Seite 24 f.

29 *Junior*, W.: Selbstmotivation, in: Handbuch Personalentwicklung und Training: Ein Leitfaden für die Praxis; hrsg. von Karlheinz A. Geißler, u.a., Köln 1990, Loseblattsammlung Stand Mai 1991, Kapitel 6.2.5.1., Seite 8.

30 Vgl. *Rosenstiel*, L. v.: Grundlagen der Organisationspsychologie: Basiswissen und Anwendungshinweise, Stuttgart 1980, Seite 160 ff.

31 Zur Wechselbeziehung zwischen Versicherungswirtschaft und Umwelt siehe auch *Helten*, E.: Künftige Umwelten und Versicherungen: Versicherungstechnische Möglichkeiten zur Bewältigung künftiger Risiken, in: ZVersWiss, Berlin 1992, S. 149ff.

Verändern der eigenen Rolle im System. Die systemspezifische Rolle der eigenen Person hat verschiedene Dimensionen.

Die Person, Bestandteil des Systems, wird vom System verändert und verändert gleichzeitig das System. Die Intensität der Veränderungen hängt unter anderem vom Machtpotential der im System übernommenen Rolle ab. Systemkompetenz bedeutet somit auch das Erkennen und bewußte Verändern des Standortes und des Machtpotentials der eigenen Rolle im System sowie das Erkennen der Zusammenhänge und der Wechselwirkungen zwischen den Elementen der (Sub-)Systeme[32]. Ziel der Verbesserung der Systemkompetenz ist es, die systemspezifischen Auswirkungen des eigenen Handelns besser abschätzen zu können.

Die Vermittlung dieses Systemwissens ist notwendig, da in der heute bewußt gewordenen Komplexität der Welt, Instinkt und gesunder Menschenverstand nicht mehr ausreichen um zielgerichtet zu entscheiden und die Folgen verantwortlich abzuschätzen.

2.5. Zusammenhang der Kompetenzbereiche

Die vier Kompetenzbereiche können zur Untersuchung von Bildungsaktivitäten nur bedingt getrennt betrachtet werden. In der Realität überschneiden, beeinflußen und bedingen sich die Kompetenzbereiche jedoch gegenseitig. Bei der Planung von Bildungsmaßnahmen wird der Schwerpunkt je nach Bildungsziel auf unterschiedlichen Kompetenzbereichen liegen. Geht es um den direkten Fachbereich des Lerners werden Maßnahmen zur besseren Durchdringung seiner Sachwelt, also einer Erhöhung seiner Fachkompetenz notwendig sein. Bei Führungskräften wird ein weiterer Schwerpunkt auf der Sozial- und der Selbstkompetenz liegen, während bei fachübergreifenden Aufgaben die Systemkompetenz im Mittelpunkt des Interesses liegen kann. Dies bedeutet nicht, daß die anderen Kompetenzbereiche nicht berücksichtigt werden. Jede Bildungsmaßnahme tangiert grundsätzlich jeden Kompetenzbereich, jedoch mit unterschiedlicher Intensität, so ist es durchaus auch möglich, daß mehrere Kompetenzbereiche gleichwertig im Vordergrund stehen, wie zum Beispiel bei der Ausbildung von Fachtrainern.

---

[32] Vgl. *Helten*, E.: Künftige Umwelten und Versicherungen: Versicherungstechnische Möglichkeiten zur Bewältigung künftiger Risiken, in: ZVersWiss, Berlin 1992, Seite 150 f.

3. Integratives Konzept zur Erstellung von CBT-Programmen

3.1. Beteiligung aller Betroffener

3.1.1. Ziel der Beteiligung

Die Erstellung interaktiver Lernsysteme kann nur das Ergebnis einer Teamleistung sein, denn Text, Grafik, Daten, Videofilm, Rechnerprogramm und Lernanleitung müssen didaktisch miteinander verknüpft und in eine benutzerfreundliche Programmführung eingebettet werden[33]. Bisher bestanden diese Teams ausschließlich aus Spezialisten, wie zum Beispiel CBT-Autoren, Hardwarespezialisten, Designer, u.s.w.. Welche Vorteile bietet nun die Integration von Laien, wie zum Beispiel den Repräsentanten der Zielgruppe? Durch die Integration **aller** Betroffener in der Planung, Durchführung und Auswertung können sowohl der 'Bombenwurf' der 'Schulungsexperten' wie auch die Einführungsschwierigkeiten des neues Mediums zum Teil abgewendet werden. Denn Probleme im Zusammenhang mit einzelnen Personen oder Gruppen werden hier nicht isoliert, sondern in Wechselwirkung mit der organisatorischen, ökonomischen und gesellschaftlichen Umwelt behandelt[34].

Die Beteiligung aller Betroffener an der Entwicklung des CBT-Programms bedeutet also die Integration von Repräsentanten folgender Gruppen:

- Zielgruppe
- CBT-Koordinator
- Seminarleiter
- Inhaltsspezialisten
- CBT-Spezialisten.

---

[33] Vgl. *Hüther*, J.: Neue Medien, a.a.o., Seite 16.

[34] Parallele Erfahrungen in der Organisationsentwicklung siehe *Trebesch*, K.: Organisatoren und Organisationsentwicklung - Selbstverständnisse, Mißverständnisse und Perspektiven, in: Zeitschrift für Organisation, 2/1983, Seite 86.

Das **integrative** Konzept lehnt sich an die Erfahrungen der Organisationsentwicklung (OE) an. Ebenso wie in der OE sollen auch hier zwei gravierende Fehler a priori vermieden werden. Durch die Beteiligung aller Betroffenen vom ersten Schritt an soll sichergestellt werden, daß das Lernprogramm dort ansetzt, wo realer Bedarf in der Praxis besteht. Das heißt, daß Lernziele nicht am 'grünen Tisch' geplant werden und dann möglicherweise an den Bedürfnissen der täglichen Arbeit vorbeigehen. Integration bedeutet hier eine aktive Gestaltung des Entwicklungsprozesses durch alle Betroffene. Diese aktive Mitgestaltung soll zum anderen spätere Akzeptanzprobleme vermeiden, denn Menschen identifizieren sich am ehesten mit dem, was sie selbst mitgestalten konnten[35].

3.1.2. Zielgruppe

In der konventionellen Lernprogrammentwicklung stellen die künftigen Lerner als Zielgruppe des CBT-Programms eine außerhalb der Entwicklung stehende Variable dar. Da der Lerner in persona nur selten bekannt ist, versucht man, durch eine repräsentative Stichprobe auf Eigenschaften des späteren Lerners zu schließen. Sinn und Zweck einer solchen Adressatenanalyse ist es, das Lernprogramm möglichst genau an den künftigen Lerner anzupassen, um so negative Erlebnisse zu vermeiden und den Lernerfolg zu verbessern. Der potentielle Lerner wird also analysiert, in ein Lernermodell modelliert und so in die Lernprogrammentwicklung einbezogen. Die Verantwortung für die spätere Akzeptanz durch den Lerner liegt beim CBT-Spezialisten und seinem pädagogischen Geschick, die Erwartungen des Lerners möglichst genau zu treffen. Denn von der späteren Akzeptanz des Lerners hängt in hohem Maße der Lernerfolg ab.

---

[35] Vgl. *Sievers*, B, Trebesch, K: Bessere Arbeit durch OE: Offenheit und Effizienz, in: Psychologie Heute, Juni/1980, Seite 49.

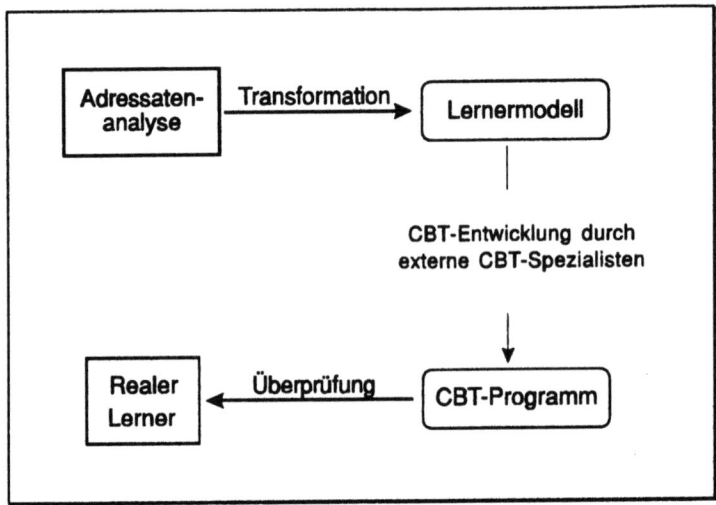

Abb. 1: Lernermodellierung bei konventioneller CBT-Erstellung

Durch die Modellierung des Lerners entstehen Fehlerquellen, welche durch die CBT-
und Inhaltsspezialisten weder erkannt noch vermieden werden können.

Die Beteiligung der Zielgruppe, also der zukünftigen Lerner birgt folgende Vorteile. Der
Lerner wird zwar weiterhin mit Hilfe der Adressatenanalyse in einem Lernermodell
abgebildet. Dieses Lernermodell dient jedoch nicht mehr als einzige Grundlage für die
Programmgestaltung. Sie ergänzt und objektiviert die subjektiven Erfahrungen, die von
den beteiligten Lernern eingebracht werden . Da Repräsentanten der künftigen Lerner als
CBT-Autoren im Team mit den Inhaltsspezielisten zusammenarbeiten (Abb. 2) können
Fehler in der Adressatenanalyse besser erkannt werden. Andererseits werden Aussagen
und subjektive Einschätzungen der beteiligten Lerner durch die Adressatenanalyse relativiert.

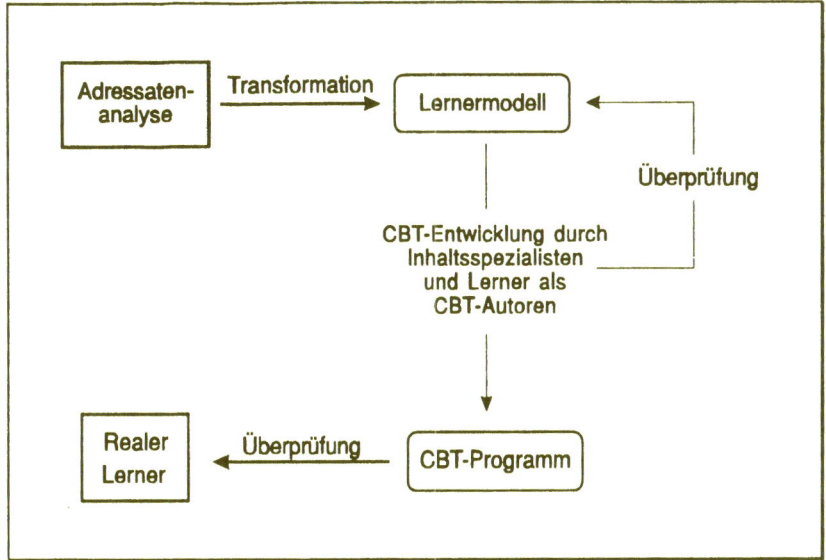

Abb. 2: Lernermodellierung im integrativen Konzept

Die Hauptaufgaben der beteiligten Lerner sind vor allem:

- Anpassung der Bildungsmaßnahme an die Bedürfnisse der Lerner, sowohl inhaltlich wie auch in der Struktur (z.B. maximale Bearbeitungszeit für ein Kapitel)

- Adaption an Sprache und Bildungsniveau der Zielgruppe (z.B. Vermeidung einer zu ausgeprägten Fachsprache bei einem Anfängerprogramm)

- Anpassung an die reale Arbeitswelt (z.B. durch praxisnahe Beispiele), dies führt zu erhöhter Wiedererkennung der eigenen Realität im Programm und somit zu größerer Akzeptanz[36]

- Inhaltliche Kontrolle der Lernziele, sie sorgt dafür, daß sich die Inhaltsspezialisten nicht in der Komplexität der Materie verlieren, sondern der Inhalt auf die Bedürfnisse der Anwender reduziert wird. So zeigen Verständnisfragen

---

[36] Vgl. *Beitinger*, G.; *Mandl*, H.: Konzeption und Entwicklung eines Medienbausteins zur Förderung des Selbstgesteuerten Lernens im Rahmen der betrieblichen Weiterbildung, Forschungsbericht Nr. 8 des Instituts für Empirische Pädagogik und Pädagogische Psychologie die Ludwig-Maximilians-Universität München, März 1992, Seite 18.

17

der Lerner während der Drehbuchentwicklung welche Inhalte im Programm noch unklar sind und exakter erklärt werden müssen; Inhaltsspezialisten sind hierzu in der Regel durch ihr umfangreiches Vorwissen ungeeignet.

3.1.3. CBT-Koordinator

Beim Auftraggeber muß ein verantwortlicher Mitarbeiter, für die Entwicklung und den Einsatz von CBT-Programmen benannt werden. Dieser CBT-Koordinator muß über ausreichende Vollmachten verfügen, Vollmachten insbesondere in bezug auf das zur Verfügung stehende Budget, aber auch Vollmachten zum Einsatz unternehmensinterner Inhaltsspezialisten und deren Freistellung für das CBT-Projekt. Die Freistellung von Inhaltsspezialisten für die Mitarbeit im Projekt geschieht im Einvernehmen mit dem jeweiligen Fachvorgesetzten. Der CBT-Koordinator sollte diese Aufgabe als Hauptaufgabe oder bei kleineren Firmen zumindest als feste Teilaufgabe langfristig übertragen bekommen. So wird sichergestellt, daß die hohen Investitionen langfristig genutzt und strategisch in das Bildungskonzept des Unternehmens eingebunden werden.

Durch die aktive Mitarbeit des CBT-Koordinators im CBT-Projekt wird ein Wissenstransfer vom externen CBT-Spezialisten (siehe 3.1.6.) ins Unternehmen erreicht. Die vollständige Integration des Auftraggebers durch die Mitarbeit der Person, die später im Unternehmen für den Einsatz und die Weiterentwicklung von CBT-Programmen zuständig ist, soll 'Hilfe zur Selbsthilfe' leisten. Ziel des integrativen Konzeptes ist es, daß sich CBT im Unternehmen selbst weiterentwickelt und daß entstehende Probleme vom Unternehmen selbständig gelöst werden können. Das Unternehmen soll sich somit möglichst frühzeitig aus der Abhängigkeit von externen CBT-Spezialisten lösen. Durch die frühzeitige Beteiligung lernen die Projektteilnehmer durch erfahrungsorientiertes Lernen im konkreten Kontakt mit den anderen Projektteilnehmern und durch das Lösen konkreter CBT-spezifischer Probleme, denn der Mensch lernt am nachhaltigsten, durch praktische Erfahrungen.[37].

Ziel ist es, durch Mitarbeit und Verantwortung vom ersten Schritt an eine langfristige Integration von CBT im Unternehmen zu sichern.

---

[37] Vgl. *Sievers*, B, *Trebesch*, K.: Bessere Arbeit durch OE, a.a.o., Seite 49.

3.1.4. Seminarleiter

Vor der Einführung und Projektierung von CBT-Programmen wurden die Lerninhalte in der Regel in Seminarform vermittelt. Die jeweiligen Seminarleiter kennen die Lernschwierigkeiten der Zielgruppe, verborgene Mißverständnisse usw.. Durch die Integration der Seminarleiter und eventuell weiterer Referenten sollen deren Erfahrungen im Hinblick auf die Zielgruppe genutzt werden.

Bei den Seminarleitern entstehen häufig Ängste, durch die Einführung von CBT überflüssig zu werden[38]. Ein CBT-Programm kann jedoch nur einen Teil ihrer Aufgaben übernehmen. Die Betreuung der Lerner und die Aufbereitung des Gelernten wird weiterhin Aufgabe von Referenten sein. Die aktive Mitgestaltung des Lernprogramms und die Planung des Einsatzes hilft solche Ängste abzubauen bzw. sie gar nicht erst entstehen zu lassen.

Gleichzeitig erfahren die Seminarleiter, welche Inhalte in CBT abgebildet werden können und haben die Gelegenheit, eigene Anregungen in die Programmgestaltung einzubringen. Zeigt der Seminarleiter größeres Interesse an CBT, besteht die Möglichkeit der Weiterbildung zum CBT-Spezialisten, so daß er in Zukunft kleinere Programme selbst erstellen oder die Projektleitung bei größeren Projekten übernehmen kann.

3.1.5. Inhaltsspezialisten

Inhaltsspezialisten oder auch Fachspezialisten sind Mitarbeiter aus den Fachabteilungen des Auftraggebers. Sie werden für die Arbeit im Projektteam soweit möglich von ihrer Tagesarbeit freigestellt.

Bei konventioneller CBT-Erstellung eignet sich der CBT-Autor das Fachwissen des Inhaltsexperten an[39]. Nach der Umsetzung in das Drehbuch, bei kleineren Programmen erst nach der Programmierung, wird der Inhalt vom Inhaltsexperten überprüft und das Drehbuch bzw. das Programm korrigiert. Diese Schritte müssen bei komplexeren Programmen des öfteren wiederholt werden[40].

Durch die aktive Mitarbeit von Inhaltsspezialisten beim integrativen Konzept können diese, oft sehr arbeitsaufwendigen, Korrekturen zum größten Teil vermieden werden, da Informationsverluste bei der Wissensweitergabe vom Inhaltsspezialisten zum CBT-Autor

---

[38] Siehe *Weidenmann*, B; *Kapp*, A.: Lernen mit dem Computer, Lernen für den Computer. in: Zeitschrift für Pädagogik, 35/1989, Seite 621 ff.

[39] Vgl. *Steppi*, H.: CBT - Computer Based Training, a.a.o., Seite 25.

[40] Vgl. *Steppi*, H.: CBT - Computer Based Training, a.a.o., Seite 179.

entfallen. Es entfallen somit die konventionellen Produktionsschritte 'Wissensaufnahme des CBT-Autors vom Inhaltsspezialisten' und zum größten Teil 'fachliche Korrekturen'.

Die Inhaltsspezialisten sorgen nicht nur für fachliche Richtigkeit, durch ihre Mitarbeit wird das Programm auch praxisnäher, denn Beispiele und das notwendige Zahlenmaterial kann der realen Arbeitswelt entnommen werden.

3.1.6. CBT-Spezialisten

Die Rolle des CBT-Spezialisten im integrativen Konzept ist nur bedingt mit der Rolle des konventionellen CBT-Autors[41] vergleichbar. Spezialwissen über die didaktischen und technischen Möglichkeiten des Lernmediums CBT sind die Grundlagen des CBT-Spezialisten. Während für die Qualität des CBT-Programms die didaktischen Fähigkeiten im Vordergrund stehen, müssen die technischen Möglichkeiten ständig aktualisiert werden. Durch die leichte Bedienbarkeit moderner Autorensysteme, welche sich hoher Programmiersprachen bedienen, tritt das technische Wissen immer mehr in den Hintergrund. In der konventionellen CBT-Entwicklung übernimmt der CBT-Autor die komplette Produktion des Drehbuchs. Im integrativen Konzept bestehen jedoch die Hauptaufgaben in der:

- Projektplanung

- Bildung und Zusammenstellung der Arbeitsgruppen

- Moderation der Plenumssitzungen

- Vermittlung des CBT-spezifischen Wissens an die Projektteilnehmer.

Eine solche Zusammenarbeit zwischen professionellen CBT-Spezialisten, Inhaltsspezialisten, Anwendern und dem CBT-Koordinator des Unternehmens setzt einen ungestörten Kommunikationsprozeß voraus. Da das Vorwissen, die Fachsprache und das Bildungsniveau der beteiligten Gruppen sehr heterogen sein kann, bedarf es für eine problemlose Kommunikation einer grundlegenden Qualifikation aller Beteiligten in den Bereichen 'computerunterstütztes Lernen', 'Formulieren von Lernzielen' und jenen inhaltlichen Grundlagen, die für das Verständnis des Inhalts notwendig sind. Aufgabe des CBT-Spezialisten ist es, zusammen mit dem CBT-Koordinator diese Grundqualifikationen sicherzustellen. Während der Arbeitssitzungen muß der Kommunikationsprozeß ständig auf sprachliche Diskrepanzen und auf Verständnisschwierigkeiten überwacht werden. Gefordert ist hier die Bereitschaft und die Fähigkeit der Projektleitung, qualitative Aussagen

---

[41] zur Rolle des CBT-Autors siehe auch *Steppi*, H.: CBT - Computer Based Training, a.a.o., Seite 24 ff.

und Methoden der Projektteilnehmer zu übernehmen und ggf. in eine formale Sprache zu übertragen[42].

Um die Unabhängigkeit des Auftraggebers vom CBT-Spezialisten zu gewährleisten, muß dieser sich frühzeitig aus seiner führenden Rolle lösen und Aufgaben an den CBT-Koordinator des Unternehmens abgeben, um sicherzustellen, daß am Ende des Projektes weitere CBT-Projekte unternehmensintern durchgeführt werden können. Das heißt, daß keine Abhängigkeit von den CBT-Spezialisten entsteht, sondern daß die CBT-Spezialisten bei weiteren Projekten nur noch als Berater hinzugezogen werden, um Erfahrungen aus anderen Projekten einzubringen.

3.2. Prozeßorientiertes Vorgehen

Das prozeßorientierte Vorgehen orientiert sich am Prozeßcharakter der Aktionsforschung als wissenschaftlicher Forschungsmethode. Die Aktionsforschung soll hier jedoch nicht als wissenschaftliche Forschungsmethode dienen, sondern es soll ihr Prozeßcharakter auf die Entwicklung von Lernprogrammen transferiert werden. Der Begriff 'Aktion' bzw. 'Handlung' deutet bereits auf die Prozeßorientierung hin, wobei der Prozeß in folgende Handlungselemente bzw. Phasen unterteilt werden kann:[43]

Diagnose:

Diagnose bedeutet hier zum einen das exakte Festlegen der Zielgruppe und das Durchführen der Adressatenanalyse, ferner auch die Analyse des Lernumfeldes wie zum Beispiel der sachlichen und zeitlichen Gegebenheiten und des Bildungsprogramms des Unternehmens.

Planung:

Die Planungsphase umfaßt zwei Hauptaufgaben. Zum einen die Ablaufplanung des CBT-Projektes, zum anderen die Einsatzplanung des fertigen CBT-Programms im Unterricht. Die Einsatzplanung umfaßt folgende Punkte:

---

[42] Vgl. *Behrendt*, E.: Zum Entwicklungsstand informatisierter Bildungsdienstleistungen: Bürgerbeteiligtes Prototyping in der Softwareentwicklung: Erstellung von Lernprogrammen, internes Projektmaterial, Wuppertal 1989, Seite 253.

[43] Siehe *Becker*, H.; *Langosch*, H.: Produktivität und Menschlichkeit: Organisationsentwicklung und ihre Anwendung in der Praxis, Stuttgart 1984, Seite 64 ff.

- Was soll inhaltlich vermittelt werden?
- Wer ist die Zielgruppe?
- Wann soll das CBT-Programm angeboten werden?
- Wo soll das CBT-Programm zur Verfügung stehen?
- Mit welchen anderen Medien soll das CBT-Programm kombiniert werden?

Situationsdiagnose und Einsatzplanung können nicht sequentiell nacheinander abgearbeitet werden, da sich die Aufgabenstellungen jeweils gegenseitig beeinflussen. So ist es sinnvoll, Situationsdiagnose und Einsatzplanung parallel zu erarbeiten.

Durchführung:

Steht die Zielgruppe und das Lernumfeld fest, können die Lerninhalte fixiert werden. Hierzu werden Richt-, Grob- und Feinziele formuliert und die einzelnen Lernschritte beschrieben. Ein weiterer wichtiger Punkt dieser Phase ist die Beschreibung der computerinternen Lernumgebung. Das heißt, eine Rahmenhandlung muß erfunden und Standards für den Bildschirmaufbau und Lernerführung festgelegt werden. Das Ergebnis dieser Phase ist das Drehbuch.

Es folgt die programmtechnische Umsetzung in ein lauffähiges Computerprogramm.

Auswertung:

Nach der programmtechnischen Umsetzung müssen folgende Tests durchgeführt werden:

- technischer Test
- inhaltlicher Test
- Akzeptanztest beim Lerner.

Entsprechend ergeben sich für die Erstellung von CBT-Programmen folgende Phasen:

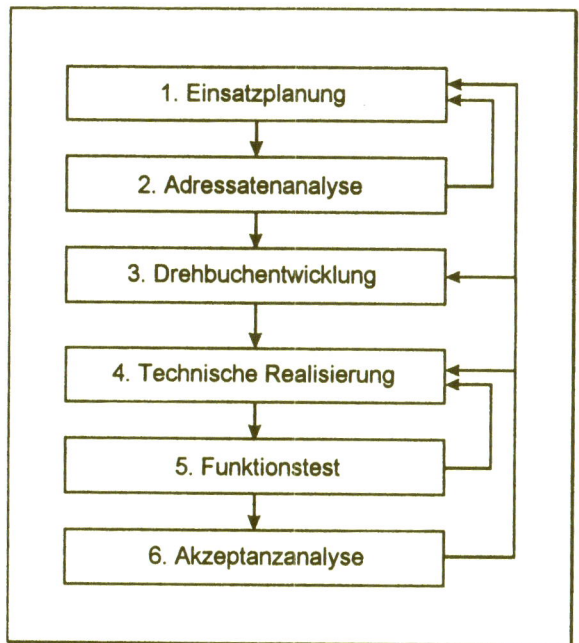

Abb. 3: Entwicklungsprozeß von CBT-Programmen

Der konkrete Inhalt der einzelnen Phasen wird in Kapitel 4 anhand der Erstellung des CBT-Programms 'Rückversicherung' aufgezeigt werden.

Prozessuales Vorgehen bedeutet jedoch mehrmaliges Durchlaufen der fünf Phasen. Zumindest bei größeren Projekten wird im ersten Prozeß ein Prototyp im Sinne eines Pilotprojektes erstellt. Bei der Erstellung des endgültigen Lernprogramms werden nach dem ersten Durchlauf zumindest die Phasen drei bis fünf mindestens einmal wiederholt, damit Fehler verbessert werden, welche in Phase fünf erkannt wurden. Die Adressatenanalyse hat nicht nur Auswirkungen auf die nachfolgende Erstellung des Drehbuchs, sondern auch Rückwirkungen auf die Einsatzplanung. Der Funktionstest mit Teilnehmern der Zielgruppe ermittelt technische Fehler und Bedienungsfehler. Die Akzeptanzanalyse kann sowohl auf die technische Umsetzung als auch auf die Drehbuchgestaltung Einfluß nehmen. Sie bietet weiterhin Erkenntnisse über die Einsatzplanung.

3.3. Projektorganisation

3.3.1. Projektcharakter

Die Erstellung eines Lernprogramms weist alle Merkmale eines Projektes auf, so daß sich für die Durchführung eine Projektorganisation anbietet. Von einem Projekt spricht man, wenn folgende Tatbestände erfüllt sind:[44]

Zeitliche Begrenzung:

Ein CBT-Projekt ist durch einen vorgegebenen Start- und Endtermin gekennzeichnet.

Begrenzte Ressourcen:

Ein CBT-Projekt erfordert den Einsatz von Produktionsfaktoren; das Projektziel ist mit gegebenen Ressourcen zu erreichen.

Komplexität:

Ein CBT-Projekt besteht aus einer Vielzahl von einzelnen, untereinander abhängigen Teilaktivitäten[45].

Zielvorgabe:

Zu Beginn des CBT-Projektes ist ein Projektziel (Richtziel) festzulegen, welches innerhalb des Projektes in Grob- und Feinziele operationalisiert wird.

Innovation:

Jedes CBT-Projekt hat aufgrund der Einmaligkeit der vorgegebenen Ziele und Bedingungen einen neuartigen Charakter[46]. Jeder neue Lerninhalt fordert eine neue Zusammensetzung des Projektteams sowie eine grundlegend neue und kreative Auseinandersetzung mit dem Medium CBT, um die für die jeweiligen Lerninhalte spezifischen

---

[44] Vgl. *Martino*, R. L.: Finding the critical Path, in: Project Management and Control, Vol.I, New York 1964/65, Seite 17.

[45] Vgl. *Steppi*, H.: CBT - Computer Based Training, a.a.o., Seite 24. Steppi nennt alleine 14 verschiedene Rollen im CBT-Team und 28 verschiedene Aufgaben für den CBT-Autor.

[46] Siehe *Rinza*, P.: Projektmanagement: Planung, Überwachung und Steuerung von technischen und nichttechnischen Vorhaben, 2. Auflage, Düsseldorf 1985, Seite 4; und *Hegi*, O.: Projekt-Management, ein Fremdkörper in der Stab-Linien-Organisation, in: Industrielle Organisation Jg.40/1971 Nr. 9, Zürich, Seite 381.

Vorteile von CBT herauszuarbeiten. So wird zum Beispiel ein technischer Lerninhalt in einem CBT-Programm grundlegend anders abgebildet werden als ein kaufmännischer Lerninhalt. Desweiteren ist zu berücksichtigen, daß durch den schnellen technischen Wandel zu Beginn eines neuen Projektes eventuell auch neue technische Möglichkeiten zur Verfügung stehen. Der Innovationscharakter eines CBT-Projektes steigt mit der Anzahl von Elementen, welche im CBT-Bereich noch wenig erprobt wurden, wie zum Beispiel der Einsatz von neuen Medien oder unterschiedlicher Zusammenstellung von Lerngruppen.

Risikobehaftung:

Unter Risiko versteht man mögliche Abweichungen vom geplanten Ziel.[47] Jedem CBT-Projekt kann Finalität, das heißt Zielbezogenheit, unterstellt werden, da bereits zu Beginn eines jeden Projektes Lernziele aufgestellt werden. Ein CBT-Programm wird in der Regel erstellt um bestimmte Lernziele zu erreichen. Bedingt durch neue technische Möglichkeiten, aber auch durch die Weiterentwicklung der medienspezifischen Didaktik, enthalten CBT-Projekte oft innovative Elemente, die noch nicht erprobt wurden und für die noch keine Erfahrungswerte vorliegen. Je größer der Anteil solcher Elemente am Gesamtprojekt ist, umso größer ist das Risiko, daß die Lernziele nicht in vollem Maß erreicht werden. Gleichzeitig steigt jedoch auch die Chance die Lernziele effizienter zu erreichen als mit herkömmlichen Methoden. Als Maß für Effizienz kann hier zum Beispiel die Lerndauer, der Behaltensgrad oder die Akzeptanz des Lernmediums bei den Lernern angesetzt werden. Es kann also gefolgert werden, daß die Menge der innovativen Elemente eines CBT-Projektes in positiver Korrelation zur Ungewißheit der Zielerreichung unter vorgegebenen Bedingungen stehen[48].

Hieraus kann folgende Definition abgeleitet werden:

> Ein CBT-Projekt ist ein innovatives, komplexes Vorhaben, dessen vorgegebenes Ziel innerhalb einer bestimmten Frist mit begrenzten Ressourcen zu erreichen ist. Das Risiko einer Zielabweichung hängt unter anderem vom Innovationscharakter ab.

---

[47] Vgl. *Helten*, E.: Künftige Umwelten ..., a.a.o., Seite 151.
[48] Siehe *Oyen*, V.; *Schlegel*, H. B.: Projektmanagement heute: Eine Führungsalternative unserer Zeit, Speyer 1986, Seite 4.

3.3.2. Mitglieder

In der konventionellen CBT-Produktion sind folgende, deutlich unterscheidbare Rollen zu besetzen:

"1. Auftraggeber

2. Projektmanager

3. Lernprogramm-Designer

4. Inhaltsexperte

5. Drehbuch-Schreiber

6. Redakteur

7. Autorensystem-Spezialist

8. Datentypist

9. Grafik-Designer

10. Medienexperte

11. Systemspezialist (Hardware, Betriebssoftware, Software)

12. Tester

13. Produktionsexperte

14. Vertriebsexperte"[49]

STEPPI weist darauf hin, daß einige Rollen nur zeitweise benötigt werden und andere Rollen in Personalunion ausgeführt werden können. Für eine kleine CBT-Gruppe empfiehlt STEPPI folgende Zusammensetzung:

"1 Projektmanager

3 CBT-Autoren

6 Autorensystemspezialisten

1 Grafiker

1 Administrator

+ Medienexperten nach Bedarf

+ Inhaltsexperten nach Bedarf."[50]

---

[49] *Steppi*, H.: CBT - Computer Based Training, a.a.o., Seite 22; siehe auch *Janotta*, Hans: Computer Based Training in der Praxis, a.a.o., Seite 254.

[50] *Steppi*, H.: CBT - Computer Based Training, a.a.o., Seite 23.

Bei der Orientierung am **integrativen** Konzept verschmelzen einige Rollen, einige Rollen erhalten eine neue Bedeutung und einige Rollen werden überflüssig. Die Zusammensetzung eines CBT-Teams könnte dann folgendermaßen aussehen:

2 Projektleiter (CBT-Spezialist und CBT-Koordinator des Auftraggebers)

Autorenteam (bestehend aus Inhaltsexperten und Zielgruppenvertretern)

2 Autorensystemspezialisten

+ Grafiker nach Bedarf

+ Medienexperte nach Bedarf.

Projektleitung:

Hier werden die Rollen 1,2,3,6 und 13 in der Projektleitung von zwei Personen übernommen und so unter anderem große Synergieeffekte in bezug auf die Entscheidungsvorgänge erzielt, da der Vertreter des Auftraggebers mit dem CBT-Spezislisten in der Projektleitung eng zusammenarbeitet.

In Projekten kann prinzipiell zwischen zwei grundlegenden Rollen unterschieden werden. zum einen die Personen, die für die Beschaffung und den Einsatz der Ressourcen sowie die Koordination der Projektaktivitäten verantwortlich ist, also für die Projekt*koordination*. Zum anderen diejenigen Mitarbeiter, die im Rahmen der zugewiesenen Aufgaben und der zur Verfügung stehenden Ressourcen *ausführend* tätig werden[51].

Auf die Aufgaben der Projektleitung soll im folgenden Abschnitt eingegangen werden; die Aufgaben der Projektausführung werden im vierten Kapitel anhand eines konkreten Beispiels dargestellt.

Voraussetzung für jede erfolgreiche Projektabwicklung ist eine straffe Projektorganisation, das heißt es ist für möglichst klare Zuständigkeiten, Verantwortungsbereiche und Vollmachten zu sorgen[52].

Autorenteam:

Durch die Kombination der Rollen 4,5 und 6 entstehen die bereits oben beschriebenen Vorteile. Desweiteren wird durch die Konfrontation dieser unterschiedlichen Rollen die

---

[51] Vgl. *Frese*, E: Grundlagen der Organisation, 4. Auflage, Wiesbaden 1988, Seite 462.
[52] Vgl. *Madauss*, B.-J.: Projektmanagement: ein Handbuch für Indusriebetriebe, Unternehmensberater und Behörden, 3. Auflage, Stuttgart 1990, Seite 80.

Kreativität und der Ideenreichtum des Autorenteams gesteigert. Denn nichts beeinflußt die Qualität der Produkte einer CBT-Gruppe mehr als die unterschiedliche Ausbildung, die bisherigen unterschiedlichen beruflichen Tätigkeiten, der Ideenreichtum, die Medienerfahrung und die 'zielorientierte Schreibfreude' ihrer Autoren[53].

Autorensystemspezialisten:

Durch die Entwicklung neuer Autorensysteme kann die Zahl der Autorensystemspezialisten reduziert werden. Es sind fundierte EDV-Kenntnisse und eine tiefe Einarbeitung in das Autorensystem nötig. Moderne Autorensysteme setzen jedoch keine Ausbildung zum Informatiker oder Programmierer voraus. Auch die Einarbeitungszeit in die Autorensysteme hat sich wesentlich verkürzt. So plante man 1989 noch 6 Monate für die Einarbeitung in ein Autorensystem[54], während heute mit modernen Autorensystemen, wie zum Beispiel AUTHORWARE[55], bereits nach einer Einarbeitungszeit von einer Woche effizient gearbeitet werden kann. Bedingt durch die geringeren Ansprüche an die Ausbildung des Autorensystemspezialisten kann diese Rolle bei kleineren Projekten auch von der Projektleitung oder einem anderen Teilnehmer übernommen werden. Die Rolle des Datentypisten wurde durch die modernen Autorensysteme überflüssig, da kein Quellcode mehr eingegeben werden muß, sondern direkt die Oberfläche des Lernprogramms gestaltet wird.

Medienexperten:

Grafiker, Regisseure usw. sind notwendig soweit Videosequenzen eingebunden werden sollen. Ein Grafiker kann zum Teil durch Bildbibliotheken ersetzt werden, ist jedoch für die Gestaltung des Layouts hilfreich.

3.3.3. Projektleitung

Die Funktionen der Projektleitung bestehen in der Aufgabendifferenzierung und der Projektkoordination:

Bei der **Aufgabendifferenzierung** wird das gesamten Aufgabenvolumen auf eine Anzahl mehr oder weniger spezialisierter Mitarbeiter zur arbeitsteiligen Erledigung zerlegt. Grundlage hierfür ist eine eingehende Analyse und Aufteilung der einzelnen Aktivitäten und Sachmittel. Differenzierung kann bei der Erstellung von Lernprogrammen zwei ver-

---

[53] Vgl. *Steppi*, H.: CBT - Computer Based Training, a.a.o., Seite 24.
[54] Vgl. *Steppi*, H.: CBT - Computer Based Training, a.a.o., Seite 23.
[55] 'Authorware' von Autorware Inc.,

schiedene Bedeutungen haben: Zum einen muß die Aufgabe 'Erstellung des Programms' differenziert werden, zum anderen muß der 'Inhalt' des Programms in einzelne Lernschritte differenziert werden, wobei man die Differenzierung des Inhalts als eine Aktivität innerhalb der Aufgabe 'Erstellung des Programms' betrachten kann.

Die **Koordination** beinhaltet die Abstimmung der Aktivitäten der einzelnen Mitarbeiter, soweit es aufgrund der Differenzierung einerseits und der Aufgabeninterdependenz notwendig ist[56].

Bei der CBT-Produktion sind zwei Rollen prinzipiell zu unterscheiden, einerseits die Rolle des Projektleiters und andererseits diejenige des CBT-Koordinators im Unternehmen.

CBT-Koordinator im Unternehmen

Er ist verantwortlich für die kontinuierliche Planung und den Einsatz von CBT in der betrieblichen Aus- und Weiterbildung. Soll CBT im Unternehmen erfolgreich eingesetzt werden, kann auf ihn nicht verzichtet werden.

Wenn nicht zur gleichen Zeit mehrere CBT-Programme parallel entwickelt werden, arbeitet der CBT-Koordinator in der Projektleitung eng mit dem CBT-Spezialisten und Projektleiter zusammen. Handelt es sich um kleinere Projekte kann die Aufgabe der Projektleitung auch vom CBT-Koordinator alleine übernommen werden, vorausgesetzt, er hat sich bereits in vorhergehenden Projekten das Wissen des CBT-Spezialisten angeeignet.

Projektleiter

Im Gegensatz zum CBT-Koordinator ist der Projektleiter verantwortlich für die Planung und Durchführung eines speziellen Projektes zur Erstellung eines CBT-Programms.

Gemeinsame Aufgaben von CBT-Koordinator und Projektleiter

Die Projektleitung und die CBT-Koordination haben folgende gemeinsame Aufgaben:

- **Personalauswahl** unter dem Aspekt der fachlichen Qualifikation und der Harmonie in der Projektgruppe. Harmonie bedeutet nicht Monotonie. Bei der Entwicklung von CBT-Programmen ist darauf zu achten, daß die Mitglieder der Arbeitsgruppen mög-

---

[56] Vgl. *Reschke*, H.; *Svoboda*, M.: Projektmanagement: Konzeptionelle Grundlagen, 2. Auflage, München 1984; Seite 55.

lichst unterschiedliche Sichtweisen, Perspektiven einbringen. Harmonie bedeutet hier Kompromiß- und Kooperationsbereitschaft.

- **Planung** des Projektes und **Kontrolle** des Projektverlaufs im Hinblick auf Zielerreichung, Budgetbeschränkungen und Termintreue

- **Implementierung** der Projektorganisation

- **Führung der Projektgruppen:** Beziehungs- und Kommunikationspflege zwischen den einzelnen Gruppenmitgliedern sowie zur Unternehmensführung bzw. zum Auftraggeber. Der Projektleiter übernimmt die Rolle des Moderators in den Arbeitssitzungen, aber auch eine Art 'Servicefunktion' für das Projektteam als Verbindungsglied über den CBT-Koordinator zur Unternehmensleitung bzw. zum Auftraggeber.

3.3.4. Organisationsstruktur des CBT-Projektes

Die Struktur des zu erstellenden CBT-Programms entspricht weitgehend der Struktur der Projektorganisation. Besteht ein Lernprogramm aus mehreren größeren Einheiten bzw. Kapiteln, so empfiehlt es sich, für jedes Kapitel ein Team von drei bis vier Mitarbeitern einzurichten. Die Teams entwickeln arbeitsteilig das Drehbuch zu ihrem Kapitel. Um die Einheitlichkeit des Drehbuchs sicherzustellen, werden Kriterien, die alle Kapitel betreffen in gemeinsamen Plenumssitzungen festgelegt. Hierzu gehören zum Beispiel Standards wie Bedienerführung und Farbgebung, aber auch die Rahmenhandlung und der Kapitelaufbau. Um die Kapitel auch inhaltlich und sprachlich einheitlich zu gestalten, tragen die einzelnen Arbeitsgruppen jeweils nach der Erarbeitung von Grob- und Feinkonzept sowie nach der Fertigstellung von Teilen der Lernziele und des Drehbuchs ihre Arbeitsergebnisse im Plenum vor. Hier werden die Ergebnisse mit allen Projektmitgliedern besprochen, verbessert und einander angeglichen werden.

Das integrative Konzept versucht sowohl die horizontale Differenzierung, wie auch die vertikale Differenzierung der Projektstruktur möglichst gering zu halten. Man versucht, die unterscheidbaren Funktionen (horizontale Differenzierung) und die Anzahl hierarchischer Positionen (vertikale Differenzierung) zu reduzieren.

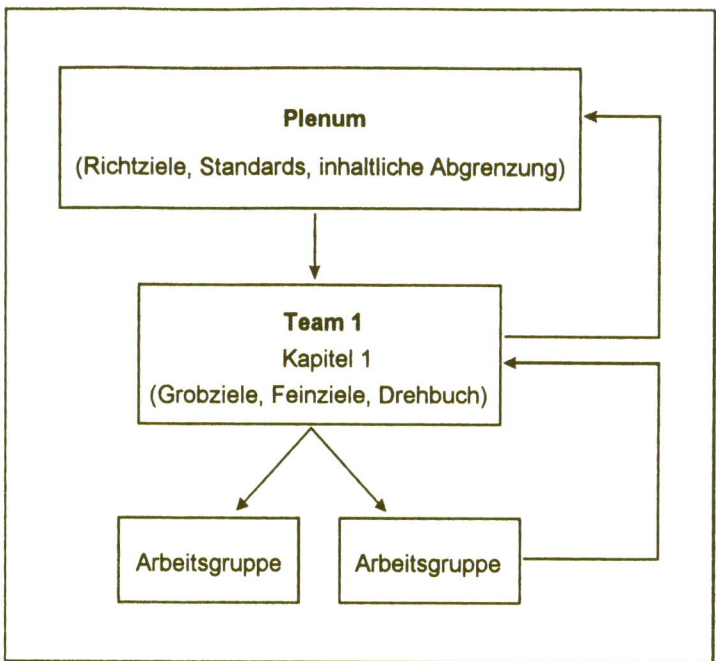

Abb. 4: Ablaufschema für die Erstellung von CBT-Programmen

Durch diese Kombination der Funktionen soll verhindert werden, daß durch die ständige Ausführung ein und derselben Funktion eine selektive Wahrnehmung eintritt und durch Spezialisierung der Überblick und die Kreativität reduziert wird[57]. Benötigt werden Generalisten, die bereit sind, sich in die unterschiedlichen Funktionen einzuarbeiten. Die Verlagerung der Aufgaben und der zugehörigen Verantwortung von Einzelpersonen in die Projektteams führt zum weitgehenden Abbau von Hierarchiestufen. Selbst in großen CBT-Projekten sind maximal drei Ebenen notwendig. Die Leitung der Teams und ihre Untergruppen kann turnusmäßig oder je nach Teilproblem und aktueller Situation wechseln[58].

---

[57] Vgl. *Gebert*, D.: Organisationsentwicklung - Probleme des geplanten organisatorischen Wandels, Stuttgart 1974 , Seite 64, und *Decker*, Franz: Weiterbildung im Wandel in Wirtschaft und Verwaltung, Köln 1982, Seite 14.

[58] Vgl. *Hill* W.;*Fehlbaum, R.; Ulrich, P.*: Organisationslehre, Bd. 1 und 2, Bern, Stuttgart 1981, Seite 250.

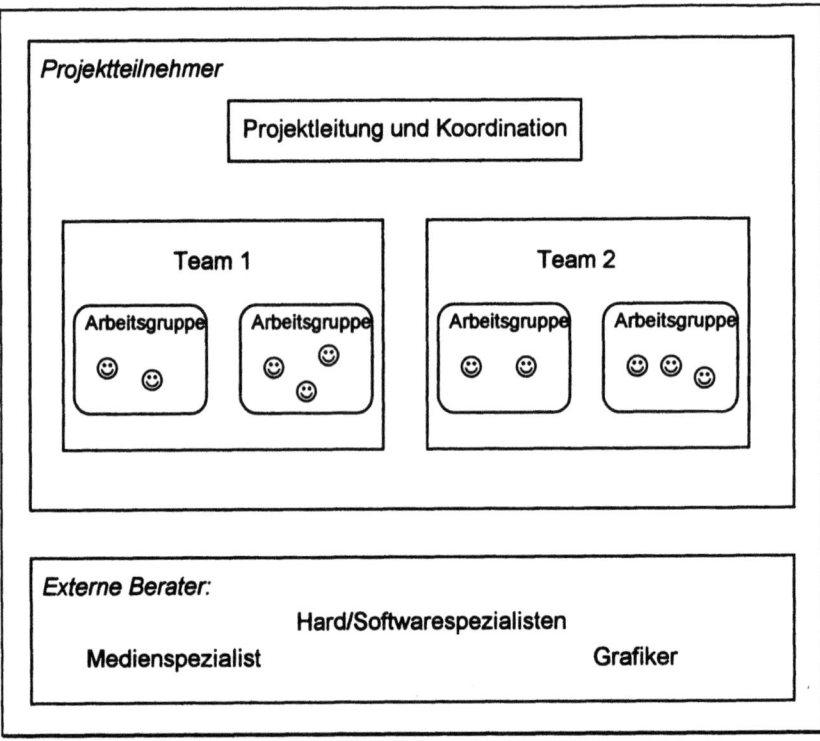

Abb. 5. Arbeitsteilung im integrativen Konzept

Der jeweils gewählte Teamleiter oder -sprecher übernimmt keine Machtposition, sondern eine Servicefunktion für die Gruppe. Er sorgt dafür, daß die Aktivitäten aller Teammitglieder auf das gemeinsame Ziel der Arbeitsgruppe ausgerichtet bleiben, daß Konflikte nicht verschleiert, sondern diskutiert werden und daß die gemeinsam festgelegten Spielregeln eingehalten werden[59]. Diese nahezu hierarchiefreie und konkurrenzlose Situation ohne Ängste um Macht- und Positionsverlust ermöglicht 'freies' Handeln und somit mehr Kreativität. Projektmitarbeiter in berat-ender Funktion wie Grafiker, Psychologen, Hardwareexperten werden nur kurzzeitig hinzugezogen, um spezifische Probleme zu lösen.

---

[59] Vgl. *Jakob*, H.: Unternehmungsorganisation: Gestaltung und Entwicklung soziotechnischer Systeme, Stuttgart, Berlin, Köln, Mainz 1980 , Seite 64.

4. Phasen der Erstellung von CBT-Programmen im integrativen Konzept

4.1. Einsatzplanung

"Eine Kernfrage ... ist, ob sich eine geplante Ausbildungsmaßnahme überhaupt für CBT eignet. Als Alternative wird dabei meist konventioneller Unterricht gesehen - häufig einfach deswegen, weil die Dozenten und die Infrastruktur dafür da sind, weil ein relativ klares Bild über Kursentwicklungszeiten und Kurskosten vorhanden ist und weil die Adressaten eben gewohnt sind, in dieser Form geschult zu werden. Die Gründe, sich überhaupt für CBT zu interessieren, sind in der Regel nicht etwa die verlockenden Eigenschaften des neuen Mediums, sondern die Hoffnung, damit erhebliche Ausbildungskosten sparen zu können."[60] Will man CBT jedoch effizient einsetzen, muß die Frage wie folgt formuliert werden: Ist das Lernmedium CBT geeignet, eine Schulungsmaßnahme oder einen Teil einer Schulungsmaßnahme zu übernehmen? Wenn ja, in welchem Ausmaß und mit welchen anderen Lehrmitteln soll es kombiniert werden? Die Frage ist nicht, ob eine Schulungsmaßnahme für CBT geeignet ist, sondern wo CBT mit seinen spezifischen Vor- und Nachteilen als Lernmittel geeignet ist, das Lernziel der Schulung zu erreichen bzw. zu unterstützen.

In naher Zukunft wird der Computer konventionelle Medien nicht ersetzen. Das heißt, er muß im Medienverbund eingesetzt werden, wenn man die Vorteile aller Medien nutzen will. Man kann davon ausgehen, daß für Lesetexte das Papier nach wie vor das am besten geeignete Medium ist; für einen Erfahrungsaustausch 'Workshops', 'Seminare', 'Praktika', 'Kolloquien' usw. die besten Ausbildungsformen sind und als Nachschlagewerk das Lexikon noch lange nicht ausgedient hat[61].

Medieneinsatz dient dazu, Bildungsveranstaltungen effektiver zu gestalten. Die spezifischen Vorteile einzelner Medien kommen jedoch nur dann zum Zuge, wenn der Intensitätsgrad des Einsatzes und der Anteil am unterrichtlichen Gesamtgeschehen auf die Lernziele abgestimmt ist[62].

---

[60] *Steppi*, H.: CBT - Computer Based Training, a.a.o., Seite 131.
[61] Vgl. *Wegenberger*, J., Lernen mit dem Computer, a.a.o., Seite 17.
[62] Vgl. *Hüther*, J.: Neue Medien, a.a.o., Seite 16.

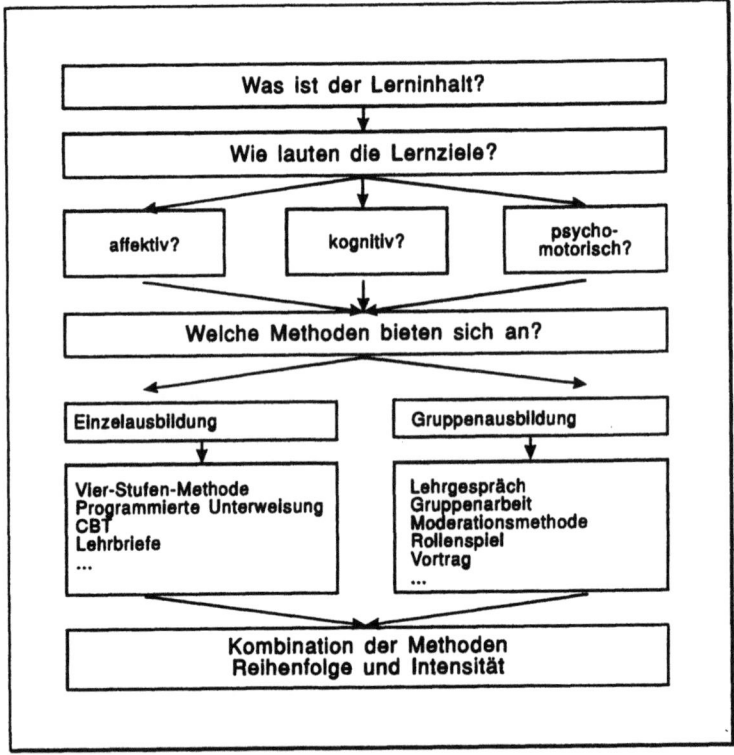

```
┌─────────────────────────────────────────────────┐
│              Was ist der Lerninhalt?             │
└─────────────────────────────────────────────────┘
                        ↓
┌─────────────────────────────────────────────────┐
│              Wie lauten die Lernziele?           │
└─────────────────────────────────────────────────┘

┌──────────────┐    ┌──────────────┐    ┌──────────────┐
│   affektiv?  │    │  kognitiv?   │    │    psycho-   │
│              │    │              │    │  motorisch?  │
└──────────────┘    └──────────────┘    └──────────────┘

┌─────────────────────────────────────────────────┐
│           Welche Methoden bieten sich an?        │
└─────────────────────────────────────────────────┘

┌────────────────────────┐    ┌────────────────────────┐
│   Einzelausbildung     │    │   Gruppenausbildung    │
└────────────────────────┘    └────────────────────────┘

┌────────────────────────┐    ┌────────────────────────┐
│ Vier-Stufen-Methode    │    │ Lehrgespräch           │
│ Programmierte          │    │ Gruppenarbeit          │
│ Unterweisung           │    │ Moderationsmethode     │
│ CBT                    │    │ Rollenspiel            │
│ Lehrbriefe             │    │ Vortrag                │
│ ...                    │    │ ...                    │
└────────────────────────┘    └────────────────────────┘

┌─────────────────────────────────────────────────┐
│            Kombination der Methoden              │
│            Reihenfolge und Intensität            │
└─────────────────────────────────────────────────┘
```

Abb. 6: Auswahl und Kombination von Lehrmedien[63]

Es gibt bisher keine zufriedenstellende **Medientaxonomie,** die die Frage nach der optimalen Zuordnung bestimmter Medien zu bestimmten Unterrichtssituationen erlaubt. Die Schwierigkeit von Medientaxonomien liegt darin, daß es eine Vielzahl von Kriterien gibt, die als Variablen in eine solche Klassifizierung eingehen müßten, wie zum Beispiel:

"• didaktisch dramaturgische Qualität des Mediums

• technische Qualität des Mediums

• Art der Stimulusdarbietung

---

[63] Siehe *Weustenhagen,* H.: Durchführung der betrieblichen Ausbildung, Ausbildungsmittel, in: Ausbildung in der Versicherungswirtschaft, Grundsätze und Lösungshilfen für die Praxis und die Ausbilderprüfung, Band I, hrsg. vom Berufsbildungswerk der Versicherungswirtschaft, Köln, 1984, Seite 174.

- Vor- und Nachbereitung des Mediums

- zeitliche Plazierung des Medieneinsatzes

- technische und organisatorische Voraussetzung

- Adressatenadäquanz und -akzeptanz

- Mediengewöhnung der Teilnehmer

- mediendidaktische Kenntnisse des Dozenten."[64]

Meist bilden nur ein oder zwei dieser Kriterien die Grundlage für Medientaxonomien, obwohl eine erfolgreiche Medienverwendung von der Beachtung aller Kriterien abhängig ist.

Auch außerdidaktische Faktoren wie Kosten, Organisation, Zeitaufwand etc. werden oft nicht entsprechend ihrem tatsächlichen Einfluß berücksichtigt[65].

Für die Auswahl von CBT als Lehrmethode und deren Einsatzplanung sollen in dieser Arbeit folgende Kriterien Medienintensität und didaktische Einbettung, sowie die technischen und organisatorischenRahmenbedingungen gelten. Diese beiden Kriterien decken einen großen Teil der oben angeführten Kriterien ab. Die Adressatenadäuanz und -akzeptanz wird in den Kapiteln 4.2. Adressatenanalyse und 4.6. Akzeptanzanalyse untersucht. Nicht berücksichtigte Kriterien, wie zum Beispiel die Art der Stimulusdarbietung, werden in den folgenden Kapiteln bearbeitet, da sie durch das Medium CBT nicht zwingend vorgegeben werden, sondern erst im Laufe der Programmentwicklung erarbeitet werden.

Im folgenden werden die Aspekte der Medienintensität, der didaktischen Einbettung, der Zielgruppe und der technischen und organisatorischen Rahmenbedingungen näher betrachtet.

Medienintensität und die didaktische Einbettung

Das Medium CBT kann seine didaktische Aufgabe nur erfüllen, wenn die Medienintensität und die didaktische Einbettung auf das zu erreichende Lernziel abgestimmt sind. Je nach Intensität unterscheidet man:

---

[64] *Hüther*, J.: Audiovisuelle Bildungsmedien; in: Handbuch Personalentwicklung und Training: Ein Leitfaden für die Praxis; hrsg. von Karlheinz A. Geißler u.a., Köln 1990, Loseblattsammlung Stand Mai 1991, Kapitel 9.1.1.0., Seite 13 f.

[65] Vgl. *Issing*, L. J.: Bildungstechnologie in Theorie und Praxis, in: Entwicklungen und Tendenzen in der Bildungstechnologie, hrsg. von Jürgen Hüther und G. Lohoff, Ehingen 1989, Seite 9.

Enrichment: Hier dient das Medium als 'Bereicherung' des Unterrichts, das heißt, das Medium ist für die Erreichung des Lernziels zwar nicht unbedingt notwendig, erleichtert jedoch die Wissensvermittlung. Bei der Enrichmentfunktion wird dem Medium weder eine bestimmte Rolle zugewiesen, noch besteht ein exakter Einsatzplan. Vielmehr wird das Medium in einem Curriculum eingesetzt, für das es nicht eigens produziert wurde[66].

Unterrichtsbegleitender Computereinsatz: In dieser Funktion ist der Computer geplanter Bestandteil des Unterrichts. Er übernimmt einen wesentlichen Anteil der Wissensvermittlung oder -vertiefung. Besonders zu planen ist hier die 'Verzahnung' von konventionellem Unterricht mit CBT, das heißt, sowohl die Schnittstellen vom CBT-Programm zum Unterricht als auch der inhaltliche Bezug im Unterricht auf das CBT-Programm. Die "Medienentwicklung bzw. -planung steht ... hier gleichrangig neben der inhaltlichen Vorbereitung und ist nur in direktem Kontext mit ihr zu sehen."[67]

Computergeleiteter Unterricht: Bei dieser Form übernimmt der Computer den größten Teil der Wissensvermittlung, der konventionelle Unterricht tritt in den Hintergrund und übernimmt Aufgaben wie Aufarbeitung des Gelernten in Workshops, Betreuung der Lerner und Lösen von Problemen, welche durch den Medienunterricht entstehen[68]. Die Rolle des Seminarleiters verändert sich hier gravierend, er wird befreit von der Aufgabe der reinen inhaltlichen Wissensvermittlung. Seine neue Rolle fordert erheblich mehr Sozialkompetenz, da seine Hauptaufgabe in der Betreuung und Förderung der Lerner besteht. Diese Anforderungen werden noch erhöht, wenn die Lernform in Gruppenstruktur angelegt ist, das heißt, wenn die Lerner nicht einzeln und zu unterschiedlichen Zeiten die Lernprogramme bearbeiten, sondern in Kleingruppen. Die Aufarbeitung des Lernstoffs im Seminar führt zu einer weiteren Diversifizierung der Perspektiven durch die Bearbeitung aktueller Beispiele. Desweiteren bietet die Kommunikation mit dem Experten die Möglichkeit, anwendungsrelevante, das heißt strategische und situationsspezifische Wissenskomponenten zu erwerben und sich einen Zugang zur Denkweise und Praxis von Experten zu verschaffen[69].

---

[66] Vgl. *Schmidt*, W.: Medienanalyse/Didaktische Planung, in: Einsatz von audiovisuellen Medien in der Weiterbildung, hrsg. von W. Schmidt , R. Hammelrath, Marl 1983.

[67] *Hüther*, J.: Audiovisuelle Bildungsmedien, a.a.o., Seite 7.

[68] Vgl. *Hüther*, J.: Audiovisuelle Bildungsmedien, a.a.o., Seite 7.

[69] Vgl. Mandl, H.; Prenzel, M.; Gräsel, C.: Das Problem des Lerntransferns in der betrieblichen Weiterbildung, Forschungsbericht Nr. 1 des Instituts für Empirische Pädagogik und Pädagogische Psychologie der Ludwig-Maximilians-Universität München, November 1991, Seite 18 ff.

Total Teaching: Bei dieser Form übernimmt der Computer die komplette Wissensvermittlung. Ein Lehrer steht nicht mehr zur Verfügung. Sogenannte Selbstlernprogramme gehen auf die behavioristische Lerntheorie nach Skinner zurück. In den 50er Jahren wurden sie in den USA aus 'bildungsökonomischen' Gründen sowie aus Lehrermangel favorisiert. Die Entwicklung begann mit 'Programmierten Unterweisungen' in Buchform und ersten Formen computerunterstützten Unterrichts[70]. Heute erleben CBT-Programme in der beruflichen Aus- und Weiterbildung eine Renaissance als interaktive Lernsysteme (ILS). Neue Gestaltungsmöglichkeiten wie Dialogfähigkeit, Einbindung anderer Medien wie Video und Ton, sowie die leichtere Handhabung moderner CBT-Programme stellen einen erheblichen Fortschritt dar. Moderne CBT-Programme sind nur tendentiell mit 'Programmierten Unterweisungen' vergleichbar.

Dubs zeigt zwei Entwicklungstendenzen auf:

Die erste basiert auf stark spezialisierten Arbeitsvorgängen; hier wird CBT eingesetzt, damit mit einem geringen Ausbildungsaufwand und möglichst schnell auf kleine Teilbereiche vorbereitete Mitarbeiter herangebildet werden. Diese Bewegung eines 'Neo-Taylorismus' hält Dubs für gefährlich, weil damit der Tendenz, den Beruf zum Job werden zu lassen, weiter Vorschub geleistet wird. Im zweiten, dem günstigeren Fall, werden sich die Unternehmen wieder mehr um Mischarbeitsplätze bemühen. Diese Zielsetzung erfordert einen bedeutend anspruchsvolleren computerunterstützten Unterricht, der mit traditionellem Unterricht zu verbinden ist[71].

Kombiniert man CBT mit anderen Lernformen, ergeben sich unterschiedliche Kombinationsmöglichkeiten. Die Kombination mit einem Seminar, in dem das Gelernte aufgearbeitet und mit aktuellen Beispielen vertieft wird, könnte folgende Strukturen aufweisen[72]:

- CBT-Programm zur Seminar **Vor- oder Nachbereitung**. Nachdem das komplette CBT-Programm bearbeitet wurde, werden in einem Seminar Fragen erörtert und das Wissen vertieft. Nach dem Seminar steht das Lernprogramm zur Wiederholung zur Verfügung.

---

[70] Vgl. *Hüther*, J.: Audiovisuelle Bildungsmedien, a.a.o., Seite 8.
[71] Vgl. *Dubs*, R.: Ausbildungsszenarien für das Jahr 2000, a.a.o., Seite 364.
[72] Ein Beispiel für die Kombination von CBT und Planspiel findet man bei *Curth*, M.: Kombination von Planspieltechnik und Computer based Training, a.a.o., Seite 177 ff.

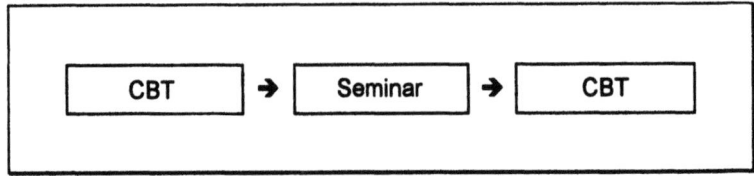

Abb. 7: CBT als Vor- und/oder Nachbereitung

- **Sequentielle Seminarstruktur**: In diesem Fall stehen dem Lerner zwischen festgelegten Seminarterminen mehrere Tage zur Bearbeitung des CBT-Programms zur
Verfügung. Während dieser Zeit bearbeitet der Lerner eine Sequenz des Programmes, welche im folgenden Seminar vertieft wird. Der Vorteil dieser Struktur liegt
darin, daß große Programme auf mehrere Seminartermine verteilt werden können.
Ein weiterer Vorteil ist, daß Verständnisschwierigkeiten frühzeitig geklärt werden
können und somit Frustration bzw. ein Seminarabbruch wegen Überforderung unter
Umständen vermieden werden kann.

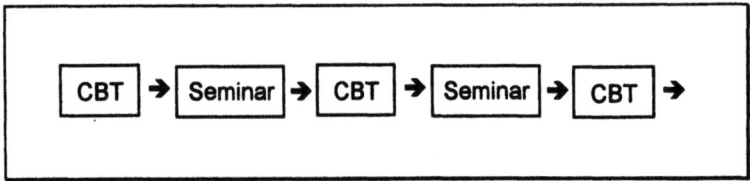

Abb. 8: Sequentielle Kombination mit CBT

- **Blockseminar**: Die Komprimierung zu einem Blockseminar verändert die Situation
im Vergleich mit der sequentiellen Struktur dahingehend, daß auch die Lernzeiten am
CBT-Programm reglementiert sind. Während der CBT-Phasen sind alle Lerner anwe-
send und können in Kleingruppen eingeteilt werden. So können zwei Lerner zusammen das Programm bearbeiten. Die Betreuungsmöglichkeiten durch den Seminarleiter sind in dieser Lernform am ausgeprägtesten.

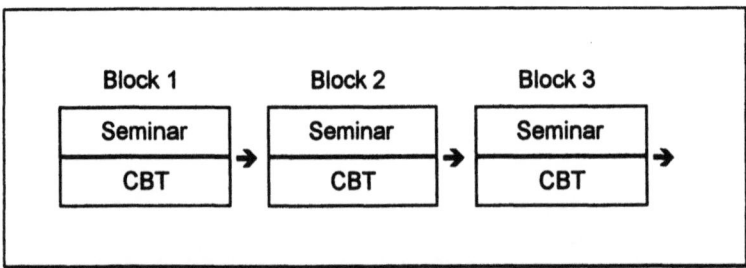

Abb. 9: Blockseminar mit CBT

Bereits bei der inhaltlichen Planung ist die Medienintensität und Seminarstruktur zu berücksichtigen. Dabei wird festgelegt, welche Lernziele im CBT-Programm abgebildet werden und welche von anderen Lernformen übernommen werden.

Technische und organisatorische Rahmenbedingungen

Das Medium CBT erfordert spezifische technischen und organisatorischen Rahmenbedingungen (Ausstattung, Raumbeschaffenheit, Hilfspersonal)?[73]

Die Lernsituation besteht nicht nur aus den Lerninhalten und dem Lernmedium, sondern auch aus unzähligen angenehmen und unangenehmen Wahrnehmungen und Gefühlen, die in der Lernsituation mitschwingen[74].

"Die Gesamtinformation besteht somit auch aus den Geräuschen, die wir dabei hören, dem Bohnerwachsgeruch des Raumes, den positiven und negativen Gefühlen, die wir dabei haben, der Sonne, die gerade ins Zimmer scheint, kurz, aus dem ganzen Milieu."[75]

Hier stellt sich die Frage, wie die Lehr-Lernsituation zu gestalten ist, um störende Faktoren fernzuhalten, welche das Aufnehmen und Behalten von Informationen hemmen[76].

Zu berücksichtigen sind hier vor allem drei organisatorische Maßnahmen:

Die zeitliche Organisation:

Findet das Lernen im Betrieb statt, muß geklärt werden, ob die Lernzeit innerhalb der Arbeitszeit liegen darf. Ist dies der Fall kann von einer höheren Motivation ausgegangen werden. In der Regel muß eine Absprache mit dem direkten Vorgesetzten stattfinden, damit der Betriebsablauf ungestört aufrecht erhalten wird. Weiterhin muß geklärt werden, wie lange dem Lerner das CBT-Programm zur Verfügung gestellt wird. Um den Vorteil der freien Zeiteinteilung aufrecht zu erhalten, sollte dieser Zeitraum großzügig gehandhabt werden.

Die räumliche Organisation:

Wo soll das Lernen am Computer stattfinden? Grundsätzlich bieten sich folgende Möglichkeiten:

---

[73] *Hüther*, J.: Audiovisuelle Bildungsmedien, a.a.o., Seite 14 f.

[74] Vgl. *Euler*, D.: Didaktische Reflexion: Möglichkeiten und Grenzen des computerunterstützen Unterrichts (CUU) im Hinblick auf die Gestaltung der Lehr-/Lernmethode, in: Computerunterstützter Unterricht, Möglichkeiten und Grenzen, hrsg. von P. Schmitz und N. Szyperski, Braunschweig, Wiesbaden 1987, Seite 109.

[75] *Vester*, F.: Denken, Lernen und Vergessen, 12. Auflage München 1985, Seite 110.

[76] Vgl. *Euler*, D.: Didaktische Reflexion, a.a.o., Seite 109.

Lernen am Arbeitsplatz: Soweit die Arbeitsplätze der Mitarbeiter mit PC's ausgestattet sind, kann man den Mitarbeitern die Lernprogramme direkt am Arbeitsplatz zur Verfügung stellen. Dies kann auf zwei Arten geschehen. Entweder der Mitarbeiter leiht sich das Lernprogramm aus einer CBT-Bibliothek aus, oder er kann mit Hilfe eines Netzwerks direkt auf das Lernprogramm zugreifen. Der Vorteil des Lernens am Arbeitsplatz liegt im direkten Zugriff auf die Lernsoftware. So kann während der täglichen Arbeit, bei Problemen auf das Lernprogramm zurückgegriffen werden und im Lernprogramm die Lösung erarbeitet bzw. ausprobiert werden, bevor sie in der Realität angewendet wird. Diese Anwendungsmöglichkeiten hat den Charakter einer computergestützten Hilfe.

Lernen am Computer wird in dieser Arbeit jedoch nicht als kurzfristiges Nachschlagen, sondern als länger andauernder Lernprozeß bei der Durcharbeitung von Lernprogrammen verstanden. Soll dies am Arbeitsplatz geschehen, ergeben sich erhebliche Nachteile. Der wohl gewichtigste Nachteil ist, daß der Lernprozeß durch Störungen wie zum Beispiel Telefonanrufe ständig unterbrochen wird und die Gedanken nicht auf das Lernprogramm konzentriert werden können.

Lernecken in der Nähe des Arbeitsplatzes: Gut abgeschirmte, voll ausgestattete Lernplätze bilden eine Alternative. Vorteil dieser Lernecken ist, daß die Belegung leicht innerhalb der Abteilung organisiert werden kann und somit weniger Verwaltungsaufwand (Anmeldung, Koordinierung, Bereitstellung der spezifischen Software) als bei Lernzentren entsteht. Der Aufwand für die Betreuung der Lerner ist in der Regel hoch, da sie dezentral, gegebenenfalls mit der Einrichtung einer 'Hotline' bewältigt werden müssen. Die Nähe zum Arbeitsplatz führt zu einem schnelleren und unkomplizierteren Zugriff auf die Lernprogramme durch den Lerner und erhöht somit die Akzeptanz. Beeinflußt wird die Akzeptanz auch durch die Einstellung des Vorgesetzten; sieht er es gerne, wenn Mitarbeiter an der Lernstation lernen oder betrachtet er es als Zeitverschwendung und Spielerei?

Lernzentren im Betrieb oder in Bildungsinstitutionen: Der Vorteil von Lernzentren oder PC-Pools besteht im geringeren Betreuungsaufwand im Gegensatz zu Lernecken und Lernen am Arbeitsplatz. Mehrere Lerner können gleichzeitig betreut werden bzw. sich gegenseitig betreuen. Die Verwaltung eines Lernzentrums ist jedoch kostenintensiver, da je nach Anzahl der Lernplätze hauptamtliche Mitarbeiter für den Service und die Verwaltung eingesetzt werden müssen, während dezentrale Lernplätze in die Organisation der jeweiligen Abteilung integriert werden. Ein nicht zu unterschätzender Vorteil ist das ungestörte Arbeiten, da der Lerner während der Lernzeit auch für Kollegen nicht greifbar ist.

Die Organisation der Lernsituation: Zu überdenken ist bei der Einsatzplanung auch, ob das Lernprogramm in Kleingruppen - zwei oder drei Personen an einem Gerät- oder

einzeln bearbeitet werden soll. Kleingruppen haben den Vorteil, daß eventuell auftre-
tende Schwierigkeiten in der Bearbeitung, seien sie technischer oder inhaltlicher Natur,
oft im Gespräch gelöst werden können, wo bei Einzelbearbeitung der Betreuer hinzugezogen werden muß. Weiterhin muß der Lernende seine Gedanken und Standpunkte
gegenüber seinem Mitlernenden äußern, was zur Reflexion und Vertiefung der Inhalte
führt. Gefördert wird nicht nur die differenzierte Sichtweise der Lerninhalte, sondern
auch das metakognitive Bewußtsein über die eigenen Lernprozesse[77]. Für die Einzelbearbeitung spricht die individuellere Zeiteinteilung sowie die angstfreiere Situation, da
man sich nicht durch andere Teilnehmer beobachtet fühlt. Bei der Planung nicht zu ver-
nachlässigen ist die in einer Kleingruppe entstehende Gruppendynamik, die sich sowohl
positiv wie auch negativ auf den Lernprozeß auswirken kann.

Auf die **Ausstattungsplanung** (EDV-Hard- und Software, Infrastruktur zur Verteilung
der Programme, Lernplatzoptimierung, usw.) ebenso wie auf die damit verbundene
Kostenplanung, welche sich durch die rasante Weiterentwicklung im Hard- und Soft-
warebereich ständig im Umbruch befindet, soll hier nicht näher eingegangen werden.

4.2.   Adressatenanalyse

Die Adressaten von CBT-Programmen sind die späteren Lerner. Da diese vorab nur
selten bekannt sind, versucht man, durch eine repräsentative Stichprobe aus der Grundgesamtheit potentieller Lerner auf ihre Eigenschaften zu schließen. Sinn und Zweck der
Adressatenanalyse ist es, das Lernprogramm möglichst genau an die künftigen Lerner
anzupassen, um negative Erlebnisse zu vermeiden und den Lernerfolg zu verbessern. Als
Beispiel hierfür kann die im Programm verwandte Sprache genannt werden. So wird sich
auf eine Zielgruppe mit nur einfach strukturierter Sprache ein schwerverständlicher Text
mit vielen Fremd- und Fachwörtern ebenso negativ auswirken, wie ein sehr einfacher
Text auf eine Lernergruppe mit hohem Bildungsniveau und vertieften Fachkenntnissen.
Durch die Beteiligung der Zielgruppe an der Erstellung des Lernprogramms im Sinne des
integrativen Konzepts verliert die Adressatenanalyse nicht an Bedeutung. Die beteiligten
Personen stellen im empirischen Sinn keine hinreichend große Stichprobe dar und sind in
der Regel nicht zufällig ausgewählt, während in der Adressatenanalyse eine weitaus
größere Zahl von potentiellen Lernern befragt werden kann. Adressatenanalyse und die
Beteiligung der Zielgruppe bei der Produktion ergänzen sich gegenseitig. Die Adressa-

---

[77] Vgl. *Mandl*, H.; Gruber, H.; Renkl, A.: Lernen mit dem Computer, a.a.o.

tenanalyse ergänzt die subjektiven Eindrücke der Projektteilnehmer durch objektivere Erhebungen, während die Projektteilnehmer eben durch ihre subjektiven Erfahrungen mit der Zielgruppe die durch Aggregation eventuell verzerrten Ergebnisse der Adressatenanalyse relativieren.

"Eine Adressatenanalyse kann verhindern, daß man die Lernenden über- oder unterfordert; sie kann zu Ergebnissen führen, die manche Lernarrangements von vornherein verbieten oder andere empfehlen. ... Wer Motivation sagt, muß auch Adressatenanalyse sagen und die Ergebnisse ernst nehmen. Ein Ausbilder, der zum Beispiel ehrlicherweise die Lernziele zurücksteckt, nachdem er sich Gedanken über die Adressaten gemacht hat, wird sich und den Teilnehmern belastende Lernerfahrungen ersparen und trotzdem, oder gerade deshalb, höheren Lernerfolg erzielen."[78]

In der Adressatenanalyse werden folgende Bereiche evaluiert:

- Fachliches Vorwissen

- Vorwissen in bezug auf den Computer

- Motivation

- Emotionaler Bereich

- Allgemeine Leistungseigenschaften

- Umwelteinflüsse und Freizeitgewohnheiten

Das fachliche **Vorwissen** der Lerner hat großen Einfluß auf die Erstellung der Lernziele. Um Redundanz zu vermeiden kann bei den Lernern bereits vorhandenes Wissen im Lernprogramm weggelassen bzw. verkürzt dargestellt werden. Oft tritt jedoch der umgekehrte Effekt ein, daß sich erst durch die Adressatenanalyse die Lücken der Lerner aufzeigen und entweder das Lernprogramm um dieses Wissen erweitert werden muß oder ein vorausgehendes Seminar, die Lerner auf den benötigten Wissensstand bringen muß, um Frustrationen zu vermeiden. Hier sehen wir auch die direkte Verbindung zur Gesamtkonzeption der Bildungsmaßnahme, das heißt wie das CBT-Programm in das betriebliche bzw. universitäre Curriculum integriert werden soll. Mit Vorwissen sind "alle vom Lernenden erworbenen Kenntnisse und intellektuellen Fähigkeiten gemeint, die in irgendeiner Weise mit dem Erwerb des neuen Lernziels zu tun haben. Besonders wichtig ist der Wortschatz, der von den Lernenden ohne Schwierigkeiten verstanden wird. Jede verbale Darstellung der Lerninhalte muß auf diesen Punkt Rücksicht

---

[78] *Martin*, J. U.: Ein Handbuch für Ausbilder, Dozenten und Trainer in Wirtschaft und Verwaltung, Stuttgart 1976, Seite 16.

nehmen."[79] Die Adressatenanalyse für CBT-Programme muß außer dem fachlichen Vorwissen auch das Vorwissen in bezug auf den Umgang mit dem Computer erfassen. CBT-Programme sollten in der Regel so benutzerfreundlich gestaltet sein, daß sie ohne tiefere EDV-Kenntnisse bedient werden können. Es ist jedoch erforderlich oder zumindest ratsam, mit Lernern, welche bisher noch keinen Kontakt zu Computern hatten, die ersten Schritte gemeinsam zu gehen, weniger um ihnen den Computer zu erklären, als ihnen die Angst vor der Technik zu nehmen. Stellt sich in der Adressatenanalyse heraus, daß ein großer Teil der Zielgruppe wenig Computererfahrung hat, sollte während der Bearbeitungszeit eine telefonische 'Hotline' bzw. ein Betreuer zur Verfügung stehen. Erfahrene Computeranwender benutzen beim Lernen mit dem Computer in der Regel effektivere Lernstrategien[80] und benötigen somit weniger Betreuung.

Motivation ergibt sich aus der Interaktion von Person und Situation. Bestimmte im Individuum angenommene Bereiche zu zielgerichtetem Verhalten (Motive) werden durch die Wahrnehmung bestimmter Gegebenheiten der Situation aktiviert und determinieren dann auch das Verhalten des Individuums[81]. Es bestimmen also vornehmlich zwei Faktoren die Motivation. Zum einen die **Lernsituation** mit ihren Anreizsystemen[82], zum anderen die extrinsischen und intrinsischen Anreize, welche bereits vor der Lernsituation wirken und, Freiwilligkeit vorausgesetzt, letztlich dafür verantwortlich sind, daß der Lerner das Lernmittel CBT auswählt. Zu untersuchen sind somit die Motivation für den Lernstoff, das heißt wie groß ist das Interesse an den Inhalten, bzw. wie groß ist die Mittel-Zweckbeziehung mit dem Erlernten andere Ziele zu erreichen und die Motivation für das Lernmittel CBT, das heißt erachtet der Lerner das Lernen am Computer für erfolgversprechend, bzw. macht es ihm mehr Spaß als alternative Lernmittel.

Ebenso wie die Motivation hat auch der **emotionale Bereich** Auswirkungen auf die Lerneffizienz. "Der Mensch ist eben ein Wesen, das fühlt und erlebt und nicht nur Probleme löst, Begriffe bildet und Informationen speichert."[83] Was ist nun aber Emotion? Es besteht keine Einigkeit darüber, ob Emotionen klar und bewußt erlebt werden oder nur die durch diesen Prozeß bewirkten Zustände, oder ob Emotionen gänzlich unbewußt ablaufen[84]. Ebenso schwer wie die Definition gestaltet sich auch die Evalua-

---

[79] *Martin*, J. U.: Ein Handbuch für Ausbilder, a.a.o., Seite 30.

[80] Vgl. *Brodbeck*, F.C.: Lernen mit dem Computer, Empirische Untersuchung lernregulativer Verhaltensweisen an einem interaktiven Lernprogramm, unveröffentliche Diplomarbeit, Institut für Psychologie der LMU München, München 1987, Seite 124 ff.

[81] Vgl. *Rosenstiel*, L. v.: Grundlagen der Organisationspsychologie, a.a.o., Seite 65.

[82] Vgl. Kapitel 4.1. Einsatzplanung.

[83] *Angermeier*, W.: Lernpsychologie, München, Basel 1984 117, Seite 235.

[84] Vgl. *Roth*, E.: Denken und Fühlen, Aspekte kognitiv-emotionaler Wechselwirkungen, Berlin, Heidelberg, New York 1989, Seite 10.

tion emotionaler Faktoren bei den Lernern. In dieser Arbeit wird ein Emotionsbegriff verwendet, welchen man mit 'Gemütsbewegung' oder 'seelische Erregung' bezeichnen kann. Da die Adressatenanalyse in der Regel in Form eines Fragebogens durchgeführt wird, ergänzt durch einige wenige Interviews, ist es sinnvoll, den Emotionsbegriff auf klar wahrnehmbare Gefühle zu beschränken.

Eine positive Einstellung gegenüber dem Computer wird im allgemeinen als Grund für die Teilnahme an einer Computerschulung angesehen. Nach einer Untersuchung von Brodbeck verändert sich die Einstellung zum Computer durch die praktische Auseinandersetzung mit dem Lernprogramm zum Positiven hin. Die ursprüngliche Einstellung gegenüber dem Computer hat jedoch keinen Einfluß auf die Lernleistung[85]. Befunde bisheriger Untersuchungen zeigen keinen Zusammenhang zwischen Ängstlichkeit und Lernerfahrung. Ein gutes Training kann aber die Angst vor dem Computer vermindern[86].

Anpassung des CBT-Programms an den Lerner bedeutet auch Anpassung an seine **allgemeinen Leistungseigenschaften.** "Damit die Beanspruchung bei der Arbeit [beim Lernen] nicht zu groß wird, müssen die Leistungsvoraussetzungen der Person den Anforderungen im wesentlichen entsprechen. Die Tätigkeit wird sonst zur Bedrohung, das heißt es kommt zum Streß mit den damit verbundenen Folgen."[87] Wichtige Leistungsmerkmale in bezug auf die Bearbeitung eines CBT-Programms sind: Konzentrationsfähigkeit, Ausdauer und Leistungsbereitschaft. Interaktives Lernen am Computer erfordert äußerste Konzentration. Im Gegensatz zum konventionellen Unterricht ist der Lerner ununterbrochen gefordert, er ist ständig 'dran'. Um Frustrationen durch Überforderung der Konzentration, durch zu lange Kapitel oder Lernschritte zu vermeiden, sind Informationen über die Konzentrationsfähigkeit der Zielgruppe notwendig. Eng verbunden mit der Konzentrationsfähigkeit ist die Ausdauer, die Zeitspanne, die der Lerner gewillt ist, am Computer zu lernen. Die Ausdauer ist sowohl von physischen Merkmalen, z.B. Eintreten von Kopfschmerzen, als auch vom Willen des Lerners und damit auch von seiner Motivation abhängig. Erkenntnisse über die Ausdauer der Lerner geben Aufschluß über die maximale Länge von zusammenhängenden Lernabschnitten, welche ohne Unterbrechung bearbeitet werden sollten. Die Leistungsbereitschaft als dritte Komponente spiegelt die Frustrationstoleranz bei Testfragen und Interaktionen wieder. Diese Frustrationstoleranz kann in der Adressatenanalyse durch Fragebogen nur sehr bedingt

---

[85] Vgl. *Brodbeck*, F.C.: Lernen mit dem Computer, a.a.o., Seite 124 ff.

[86] Vgl. *Schulte-Göcking*, H.: Lernprozesse an Textsystemen, Der Einfluß von Lernstil, Handlungsstil, Problemlösekompetenz und Persönlichkeitsvariablen auf den Lernerfolg, unveröffentliche Diplomarbeit, Institut für Psychologie der LMU, München 1987, Seite 106. ff.

[87] *Rosenstiel*, L. v.: Grundlagen der Organisationspsychologie, a.a.o., Seite 54.

evaluiert werden. Besser geeignet ist hier der Einsatztest, wenn im Laufe des Entwicklungsprozesses einzelne Module getestet werden.

Über **Umwelteinflüsse und Freizeitgewohnheiten** kann in der Adressatenanalyse für ein Schulungsprojekt die Familiensituation, die soziale Struktur der Zielgruppe, die regionale Herkunft sowie das Betriebsklima interessant sein[88]. Zur Gestaltung eines CBT-Programmes sind vor allem Elemente wie Hobbys, Lese- und Fernsehgewohnheiten von Bedeutung. Sie geben Aufschluß über den Umgang mit Medien und zeigen, welche Form der Informationsdarstellung bevorzugt wird. Hat man zum Beispiel viele Comic-leser in der Zielgruppe, wird es sich anbieten, das Programm lustiger und bildhafter zu gestalten; bevorzugt die Zielgruppe eher Fachzeitschriften, bietet sich eine sachlichere Darstellung an.

Checkliste für die Erstellung von Adressatenanalysen[89]:

1. Angaben zur Person
   a) Alter
   b) Geschlecht
   c) Kinder
   d) Konfession
   e) Verdienst

2. Bildungsstand
   a) Schulbildung
   b) Berufliche Vorbildung
   c) Spezielle Kenntnisse
   d) Berufserfahrung

3. Intelligenz
   a) Verbale Ausdrucksfähigkeit
   b) Gedächtnis
   c) Schlußfolgerndes und analytisches Denken
   d) Fähigkeit der raschen Wahrnehmung

4. Allgemeine Leistungseigenschaften
   a) Konzentration
   b) Ausdauer
   c) Leistungsbereitschaft

---

[88] Vgl. *Martin*, J. U.: Ein Handbuch für Ausbilder Seite 31.
[89] ebenda Seite 31.

5. Motivation
   a) Interesse
   b) Anspruchsniveau
   c) Statusbedürfnis

6. Emotionaler Bereich
   a) Emotionale Ansprechbarkeit
   b) Selbstsicherheit
   c) Sozialer Bezug
   d) Beeinflußbarkeit durch Gruppeneffekte
   e) Frustrationstoleranz

7. Umwelteinflüsse
   a) Familiensituation
   b) soziale Struktur der Zielgruppe
   c) Herkunftsgruppe
   d) Betriebsklima

Formen der Adressatenanalyse:

Für die Durchführung der Adressatenanalyse stehen die Instrumente der empirischen Sozialforschung wie Interview, Fragebogen und Beobachtung zur Verfügung. Auf die Durchführung der Analyse mit den einzelnen Instrumenten sowie deren Vor -und Nachteilen sei auf die einschlägige Literatur der empirischen Sozialforschung verwiesen.[90]

4.3. Erstellung des Drehbuchs

Die Inhalte von CBT-Programmen müssen über die Lernzielebenen zu Feinzielen operationalisiert werden, welche die Grundlage für die Drehbucherstellung liefern.

Lernzielebenen sind hierarchisch aufgebaut und werden meistens in drei Abstraktionsstufen definiert:

1. Richtziele definieren das Kapitel des Lernprogramms

---

[90] siehe hierzu *Atteslander*, P.: Methoden empirischer Sozialforschung, Berlin-New York 1975; *Schnell*, R., P. *Hill* und E. *Esser*: Methoden der empirischen Sozialforschung, München - Wien 1989.

2. Grobziele definieren die Abschnitte der Kapitel

3. Feinziele definieren die Lernschritte der Abschnitte[91].

Es soll damit präzise ausgedrückt werden, was vom Lerner erwartet wird und was er nach Bearbeitung der Kapitel und Abschnitte können soll[92].

Aus diesem Lernzielkatalog ergibt sich die Grundstruktur des Lernprogramms.

Der Einsatz von CBT ist dadurch begrenzt, daß sich CBT-Programme nur beschränkt für die Vermittlung von Interaktions- und Kommunikationsfähigkeiten und für die Vermittlung von sozialen und affektiven Lernzielen eignen. Die Stärke von CBT liegt vor allem in der Vermittlung von Lerninhalten durch Simulation und Demonstration[93], also im Bereich der kognitiven und psychomotorischen Lernziele. Wenn auch kognitive und affektive Lernziele nicht vollständig voneinander getrennt werden können, so stehen beim Lernmittel CBT doch die kognitiven und psychomotorischen Lernziele im Vordergrund. Neben der Vermittlung von Begriffs- und Faktenwissen eignen sich moderne CBT-Programme durch weitreichende Hilfesysteme auch zur Aneignung von prozeduralen Fertigkeiten[94].

Beim integrativen Konzept werden die Richtziele von der Projektleitung bzw. durch das Aus- und Weiterbildungsprogramm vorgegeben, da das Lernprogramm in das betriebliche Bildungsprogramm eingebunden werden muß und somit Determinaten in bezug auf Vorwissen und notwendige Inhalte vorliegen. Grob- und Feinziele werden jedoch in den Projektgruppen erarbeitet, wobei es sich durchaus auch ergeben kann, daß nach eingehender Beschäftigung mit der Thematik das Richtziel geändert werden muß. Die einzelnen Projektgruppen, welche in der Regel nach Kapiteln aufgeteilt sind, erarbeiten für ihren spezifischen Bereich erst die Grobziele und darauf aufbauend die Feinziele. In gemeinsamen Arbeitssitzungen werden die Ergebnisse den anderen Gruppen präsentiert und zur Diskussion gestellt. Die Hauptaufgabe dieser Sitzungen besteht darin, Beziehungen zwischen den Lernzielbereichen und den einzelnen Lernzielen untereinander aufzuzeigen. Auf diesem Wege können Redundanzen vermieden und gewollte Wiederholungen geplant werden. Die Beziehungen zwischen den Lernzielbereichen geben in der Regel auch erste Anregungen für die zu kreierende Mikrowelt, welche - gefüllt mit Lerninhalten, Beispielen, Simulationen und Kontrollfragen - das Drehbuch ergibt.

---

[91] *Steppi*, H.: CBT - Computer Based Training, a.a.o., Seite 67.

[92] *Issing*, L. J.: Mediendidaktische Aspekte der Entwicklung und Implementierung von Lernsoftware, in: Interaktive Medien für die Aus- und Weiterbildung, Band I: Multimediales Lernen in der Berufsbildung, hrsg. von Gerhard Zimmer, Nürnberg 1990, Seite 104.

[93] Vgl. *Seidel*, Ch.; *Lipsmeier, A.*: Computerunterstütztes Lernen, a.a.o., Seite 115.

[94] Vgl. *Mandl*, H.; Gruber, H.; Renkl, A.: Lernen mit dem Computer, a.a.o.

Ternes definiert: "Ganz allgemein ist ein Drehbuch für den Lernsystementwickler eine schriftlich niedergelegte, gedankliche Vorstellung des Autors über einen Lernprozeß, der künftig auf einem Personalcomputer ablaufen soll."[95] "Das Drehbuch ist die umfassende, bis in das kleinste Detail gehende Arbeitsanweisung zur Realisierung eines Lernprogramms"[96]. Diese Definition Steppi's bezieht sich auf die Produktion von CBT-Programmen mit Autorensystemen, welche eine strikte Trennung von Drehbucherstellung und technischer Umsetzung erfordern. Zur Arbeit mit modernen Autorensystemen[97] benötigt man jedoch in der Regel keine professionellen Programmierer mehr. Das 'Programmieren' bzw. die technische Umsetzung kann vom Autor selbst durchgeführt werden. So wird sich in Zukunft die Drehbuchgestaltung zwischen den beiden Definitionen von Ternes und Steppi bewegen. Das Drehbuch wird auf der einen Seite die Lerninhalte, Lernziele, Lernschritte und die Struktur des Lernprogramms exakt definieren, andererseits für die Präsentation, für Beispiele und Kontrollfragen eher eine Ideensammlung darstellen. Die Mikrowelt der Rahmenhandlung wird zwar von den Autorenteams mit Beispielen, Simulationen und Kontrollfragen gefüllt, es verbleiben aber noch Freiräume, die erst bei der technischen Umsetzung festgelegt werden: zum Beispiel wird die Position einer Grafik im Drehbuch nicht exakt festgelegt; der endgültige Standort wird erst bei der technischen Umsetzung direkt am Bildschirm bestimmt. Die Vorgaben des Drehbuchs müssen vom CBT-Autor in ein einheitliches Lernprogramm umgesetzt werden. Diese Entwicklung kommt dem integrativen Ansatz zur CBT-Entwicklung entgegen, da hier keine Spezialisierung zwischen Drehbuchentwicklung und technischer Umsetzung vorgesehen ist. Im Gegenteil, die Personalunion von 'Autoren' und 'Programmierern' ermöglicht die intuitive Erarbeitung des Drehbuchs und garantiert die Umsetzung aller erarbeiteten Ideen.

4.4. Technische Realisierung

Vor der technischen Umsetzung sollte in einer Test- und Korrektursitzung das Drehbuch nochmals auf die Hauptzielsetzung des Auftraggebers überprüft werden. Bei Abweichungen von den gesetzten Zielen ist eine Überarbeitung des Drehbuchs notwendig. Sind die Abweichungen gravierend, kann die Erstellung eines völlig neuen Drehbuchs not-

---

[95] *Ternes*, G.: Modulare Storyboard-Entwicklung (MSE), in: Computer Based Training: Der PC in Ausbildung und Schulung, hrsg. von Hermann Brendel, Vaterstetten 1990, Seite 74.

[96] *Steppi*, H.: CBT - Computer Based Training, a.a.o., Seite 162.

[97] Als aktuelles Beispiel sei das Autorensystem 'Authorware' von Authorware genannt.

wendig werden[98]. Wird das Drehbuch mit Hilfe des 'integrativen Konzepts' erstellt, ist die Gefahr der Abweichung von den Zielsetzungen des Auftraggebers sehr gering, da der Auftraggeber in der Person des CBT-Koordinators eng in die Entwicklung eingebunden ist.

In der Realisierungsphase wird das Drehbuch vom Autorensoftware-Spezialisten bzw. -team zu einem ablauffähigen Lernprogramm umgesetzt[99]. Diese Phase der CBT-Erstellung nimmt bei konventioneller Programmierung den größten Teil des Arbeitsaufwandes in Anspruch. Selbst bei modularer Entwicklung[100] und Verteilung der Module auf mehrere Entwickler ist der Arbeitsaufwand der technischen Umsetzung zur Erstellung des Drehbuchs mindestens 1:1.

Beim integrativen Konzept übernehmen die technische Umsetzung ein oder mehrere Projektteilnehmer. Da diese in der Regel keine ausgebildeten Programmierer bzw. Autorensoftware-Spezialisten sind, wird ein Werkzeug benötigt, welches intuitives Arbeiten erlaubt und schnell erlernbar ist. Im CBT-Projekt 'Rückversicherung' kam das Autorensystem 'Authorware'[101] zum Einsatz. Mit diesem Autorensystem konnte bereits nach zwei bis drei Tagen Einarbeitungszeit effizient produziert werden. Trotz leichter Handhabung schränkt es den Entwickler in keiner Weise ein. Alle im Drehbuch vorgesehenen Interaktionen, Animationen und Ideen konnten ohne Probleme umgesetzt werden. Für wiederkehrende Objekte wie Bildschirmlayout, Bedienerzeile, Pulldown-Menüs, Interaktionen usw. wurden Modelle entwickelt, welche in das Programm eingebunden wurden und somit den Entwicklungsaufwand erheblich reduzierten.

Die Personalunion von Drehbuchentwickler und Team zur technischen Umsetzung bringt folgende Vorteile. Bei der konventionellen CBT-Erstellung müssen im Drehbuch alle Daten bis zur Pixelposition von Text- und Grafikelementen enthalten sein, um dem Programmierer exakte Anweisungen zur Verfügung zu stellen. Eine Layout- und Interaktionskontrolle kann erst nach der Programmierung erfolgen und verursacht oft erheblichen Änderungsaufwand. Beim integrativen Konzept erfolgt die Layoutkontrolle und die Kontrolle von Interaktionen und Animationen direkt bei der Umsetzung, da die Entwickler auch bei der Drehbucherstellung beteiligt sind und sämtliche Hintergründe und Lernziele kennen. Zum anderen muß das Drehbuch im Detail nicht so exakt erarbeitet werden, da zum Beispiel die endgültige Position von Grafiken oft erst am Bildschirm festgelegt werden kann. Das Team zur technischen Umsetzung übernimmt somit auch graphi-

---

[98] Vgl. *Ternes*, G.: Modulare Storyboard-Entwicklung, a.a.o., Seite 79.

[99] Vgl. *Ternes*, G.: Modulare Storyboard-Entwicklung, a.a.o., Seite 80; Vgl. *Steppi*, H.: CBT - Computer Based Training, a.a.o., Seite 177.

[100] Vgl. *Ternes*, G.: Modulare Storyboard-Entwicklung, a.a.o., Seite 79.

[101] 'Authorware' von Authorware.

sche Aufgaben. Die früher strikt getrennten Aufgabenbereiche CBT-Autor und CBT-Autorenspezialist verschmelzen somit immer mehr; das hat den Vorteil, daß der Entwickler oder Projektteilnehmer den Gesamtüberblick behält. Auf die technischen Voraussetzungen der Hard- und Software soll nicht näher eingegangen werden, da sich in diesem Bereich rasante, ja stürmische Entwicklungen vollziehen und der derzeitige Stand der Technik mit Sicherheit bei Erscheinen dieser Arbeit bereits wieder veraltet sein wird.

4.5. Funktionstest

Bevor das Lernprogramm endgültig zum Einsatz kommt, muß eine ausführliche Kontrolle auf technischer und inhaltlicher Ebene erfolgen. Dieser Arbeitsschritt ist in der Projektplanung, vor allem wegen des zeitlichen Aufwands, nicht zu unterschätzen. Im CBT-Projekt 'Rückversicherung' betrug der zeitliche Aufwand für den Funktionstest etwa 50 % des Aufwands der technischen Umsetzung. Der Funktionstest bezieht sich auf folgende Punkte:

- Inhaltliche Qualitätskontrolle:
  Überprüfung der Inhalte auf Konsistenz, Vollständigkeit, Richtigkeit und Übereinstimmung mit den formulierten Lernzielen

- Methodische Qualitätskontrolle:
  Überprüfung von psychologischen und didaktischen Gesichtspunkten

- Technische Qualitätskontrolle:
  Überprüfung des technischen Programmablaufs[102].

Der Funktionstest vollzieht sich in der Regel in drei Schritten. Zuerst erfolgt eine Kontrolle durch die Projektteilnehmer, dann durch unbeteiligte Testpersonen und zuletzt eine Felderprobung in der realen Lernsituation. Die Erhebung und Auswertung kann mit verschiedenen Mitteln erfolgen[103].Die von den Testpersonen angefertigten Fehlerprotokolle können durch Beobachtung, Interviews und Fragebögen ergänzt werden. Ist eine automatische Speicherung und Auswertung der Lernwege und der Interaktionen des Lerners vorgesehen, kann diese bereits in der Testphase genutzt werden, um didaktische Schwachpunkte des Lernprogramms zu erkennen.

---

[102] Siehe *Janotta*, H.: Computer Based Training in der Praxis, a.a.O., Seite 354.

[103] Vgl. *Janotta*, H.: Computer Based Training in der Praxis, a.a.O., Seite 359.

4.6. Akzeptanzanalyse

"Auch hat sich vielfach gezeigt, daß ein mühsamer und zunächst wenig erfolgverspre-
chender Start eines neuen Weiterbildungsprogrammes über den langfristigen Erfolg
wenig aussagt. Es gibt inzwischen Erfahrungswerte, daß neue Kurse und Kurssysteme
Einführungszeiten von mehr als einem Jahr benötigen."[104]

Betrachtet man diese langen Anlaufzeiten von Bildungsprogrammen und die relativ
hohen Anfangsinvestitionen von Lernprogrammen, so wird es im Hinblick auf steigende
Lernanforderungen und begrenzte Zeit- und Bildungsbudgets immer wichtiger, Bildungsveranstaltungen möglichst frühzeitig, am besten noch während ihrer Produktion,
auf ihre Effizienz und Akzeptanz zu überprüfen. Hierzu muß man auch das Urteil der
Teilnehmer heranziehen. Zur Evaluierung eignet sich ein Fragebogen, welchen man
während oder nach der Veranstaltung ausfüllen läßt[105].

Zu unterscheiden ist hier zwischen der Akzeptanz des

- Computers an sich
- des Computers als Lernmedium und
- des speziellen Lernprogramms.

In der Adressatenanalyse können die Bereiche noch zum Teil voneinander getrennt werden, obwohl auch hier die Einstellung gegenüber dem Computer als Lernmedium durch
Erfahrungen mit Lernprogrammen geprägt wird. Beim Test direkt nach der Durcharbeitung eines CBT-Programmes werden jedoch die Erfahrungen mit **diesem** Programm
prägend für die Antworten sein.

Akzeptanz von CBT wird sicher nur durch qualitativ hochwertige Lernprogramme
erreicht werden können. So muß der Fragebogen auch Fragen zu technischen, didaktischen und gestalterischen Aspekten enthalten und Raum für Verbesserungsvorschläge
bieten.

Eine erste Evaluation der Akzeptanz bietet sich nach Abschluß eines Pilotprojektes oder
nach Fertigstellung eines abgeschlossenen Kapitels an.

Die Fragen zur Akzeptanz zielen nicht auf den Vergleich mit anderen Lehrmedien. Oft
wird versucht, die Effizienz von CBT mit der Effizienz anderer Lehrmedien zu verglei-
chen. Zuverlässige Angaben über die Vor- und Nachteile zweier Medien sind jedoch nur

---

[104] *Jüchter*, H.: Pädagogische Planung von Weiterbildungskursen, Bonn, Frankfurt 1978 , Seite 25.
[105] Vgl. *Gschwandtner*, H.: Beurteilungen von Bildungsveranstaltungen durch Fragebögen, 2. Auflage,
Berlin, München 1978, Seite 5.

dann zu erwarten, wenn der Untersuchung eine hinreichend große Zufallsstichprobe **aller** mit den beiden Medien **realisierbaren Unterrichtseinheiten** zugrunde liegt. Anhängern des angeblich weniger effektiven Mediums bleibt daher immer der Einwand, daß eine nichtrepräsentative Stichprobe untersucht wurde. So dient der Akzeptanztest im integrativen Konzept nicht zum Vergleich mit anderen Medien, sondern um ein bestimmtes CBT-Programm in einer gegebenen Lernsituation zu untersuchen und um Anregungen zur weiteren Gestaltung des jeweiligen Programms zu erhalten. Aus diesen Gründen und aus der natürlichen Begrenzung der Zielgruppe - in der Regel stehen von der späteren Zielgruppe zum Testzeitpunkt nur wenige Personen zur Verfügung - kann die Auswertung der Akzeptanzanalyse nicht statistisch fundiert erfolgen, sondern unterliegt der Interpretation der Projektteilnehmer. Das integrative Konzept bietet hier den Vorteil, daß die Ergebnisse nicht von einer Person - dem CBT-Autor - ausgewertet und interpretiert werden, sondern von der Gruppe der Projektteilnehmer, welcher wiederum Repräsentanten der Zielgruppe angehören.

Der Fragebogen zur Akzeptanz eines CBT-Programms kann folgende Bereiche umfassen:

- Fragen zur Person
- Fragen zur Lehr- und Lernsituation
- Fragen zur Bewertung der eingesetzten Lernsoftware
- Fragen zur Akzeptanz von CBT (als Medium der Aus- und Weiterbildung)

Fragen zur Person:

Die Fragen zur Person sollen dazu dienen, die Befragten nach demografischen Variablen zu klassifizieren (wie Alter, Geschlecht usw.) und ihre Erfahrungen mit Computern und Lernprogrammen festzustellen.

Fragen zur Lehr- und Lernsituation:

Maßgeblich für effizientes Lernen und Akzeptanz durch den Lerner ist nicht nur die Aufbereitung und Darbietung des Lernstoffes, sondern auch in großem Maße die Lernsituation[106]. Die Lernsituation setzt sich aus den Lernbedingungen und der Lernorganisation zusammen.

Die Lernbedingungen betreffen die unmittelbare Umgebung und Gestaltung des Lernplatzes sowie die Lerndauer. Hierzu können je nach Einsatzplanung unterschiedliche Fragen zu räumlichen und zeitlichen Bedingungen bzw. zu Gründen für einen Abbruch

---

[106] Vgl. Kapitel 4.1. Einsatzplanung.

der Lernphase gestellt werden. So kann zum Beispiel nicht genügend Zeit für die Gesamtbearbeitung zur Verfügung stehen, die Lernatmosphäre kann gestört werden, technische Probleme können auftreten oder die Konzentration nachlassen. Auch Fragen zur realen Lerndauer sind sinnvoll.

Die Meinungen, ob Arbeiten und Lernen am Computer zu Kommunikationsbeschränkungen und Isolierung führen, gehen weit auseinander[107]. Die Fragen zur Lernorganisation, das heißt, ob das Lernprogramm alleine oder mit anderen zusammen bearbeitet wurde, zielen auf die verschiedenen Einsatzmöglichkeiten und auf die Einstellung des Lerners zu kooperativem Lernen am Computer.

Fragen zur eingesetzten Lernsoftware:

Um die Qualität des Lernprogramms den Bedürfnissen der Zielgruppe anzupassen, ist es sinnvoll, Fragen hierzu bereits möglichst früh während der Produktionsphase zu stellen. Je nach Inhalt und Zielgruppe empfiehlt sich eine Auswahl aus folgenden Bereichen:

- Sprache:
  Verständlichkeit, Korrektheit und konsequente Verwendung von Fachausdrücken

- Struktur allgemein:
  - unterstützende Wirkung der Lernerführung
  - einengende Wirkung der Lernerführung
  - unterstützende Wirkung der Hilfefunktion
  - unterstützende Wirkung des Lexikons
  - verschiedene Möglichkeiten, das Programm zu verlassen

- Adäquate Präsentation:
  - zeitlicher Bildschirmaufbau
  - inhaltlich stimmiger Bildschirmaufbau
  - übersichtliche Gestaltung der Bildschirmseiten
  - ansprechende graphische Gestaltung
  - sinnvoller Einsatz akustischer Effekte

- Dauer des Lernprogramms:
  - Länge der einzelnen Kapitel
  - Länge des gesamten Programms.

---

[107] Vgl. *Huber*, G. L.: Kooperatives Lernen am Computer, in: Unterrichtswissenschaften, 1986, Nr. 4, Seite 372 ff.

Diese Bereiche beinhalten ein großes Potential an Fragen. Es liegt am Projektteam, jene Fragen auszuwählen, die Aufschluß über das jeweilige Programm in seinem spezifischen Umfeld versprechen.

Fragen zur allgemeinen Akzeptanz von CBT:

Nach der Akzeptanz zu fragen bedeutet, Gründe zu suchen, warum 'Neuerungen' angenommen oder abgelehnt werden. In der Lern- und Motivationstheorie findet man hierzu folgende Modelle[108]:

- **Gleichgewichtsprinzip:** Menschliches Verhalten ist auf Bedürfnisbefriedigung ausgerichtet. Das bedeutet: Führen vorhandene Mängel zu Gleichgewichtsstörungen, versucht der Mensch, diese zu beseitigen. Hilft eine neue Technik dabei, wird sie akzeptiert.

- **Anreiztheorie:** Menschliches Verhalten zielt darauf ab, Unlust zu vermeiden. Hilft eine neue Technik , eine mit Unlust verbundene Tätigkeit zu erleichtern oder gar zu vermeiden, wird die Technik akzeptiert.

- **Kognitive Theorien:** Eine neue Technik wird danach beurteilt, ob sie dazu beiträgt, ein Ziel besser zu erreichen, als dies mit alten Mitteln möglich ist.

Überträgt man diese Erkenntnisse auf die Einführung von CBT, so können daraus folgende Vermutungen über die Akzeptanz abgeleitet werden:

- **Gleichgewichtsprinzip:** Bei den Lernern bestehen individuelle Lernbedürfnisse. CBT wird akzeptiert, wenn es dazu beiträgt, diese Mängel zu beseitigen.

- **Anreiztheorie:** Konventionelle Lehrmethoden wie Frontalunterricht und Selbststudium aus Büchern führt durch historisch bedingte Lernerfahrungen zu Unlust und Ablehnung. CBT wird akzeptiert, wenn dieses Lernmedium mehr Lust am Lernen vermittelt.

- **Kognitive Theorien:** CBT wird dann akzeptiert, wenn es dazu beiträgt, individuelle Lernziele besser zu erreichen, als dies mit alten Medien möglich war.

Untersuchungen zeigen zwar, daß Lernen auch ohne Motivation stattfinden kann. Es ist jedoch unbestritten, daß Motivation das Lernen stets erleichtern kann[109]. Das heißt, Motivation beeinflußt den Lernprozeß als **Ausgangs**motivation, indem sie den Lernpro-

---

[108] Vgl. *o.V.*: Informationsdienst des Instituts der Deutschen Wirtschaft, Nr. 39, Okt. 1981, Seite 4.

[109] Vgl. *Ausubel*, D. P.: Psychologie des Unterrichts, Bd. 2, 2. Auflage, Weinheim, Basel 1981, Seite 463 ff.

zeß in Gang setzt, und als **Durchhalte**motivation, indem sie als Katalysator für die Aufrechterhaltung des Lernprozesses sorgt[110].

Zu diesem Bereich können Fragen entwickelt werden, die zum einen die Einstellung des Lerners zum computerunterstützten Lernen erheben sollen, und zum anderen das Lernen am Computer vom Lerner individuell einschätzen und bewerten lassen.

Die aus den Aussagen der Testpersonen gewonnenen Erkenntnisse können nur auf das vorliegende Lernprogramm bezogen werden. Der Transfer auf andere Lernprogramme ist nur bedingt möglich, da sich Lernprogramme in der Regel in Gestaltung und Struktur stark unterscheiden und meistens unterschiedliche Zielgruppen ansprechen.

---

[110] Siehe *Joerger*, K.: Einführung in die Lernpsychologie, 13. Auflage, Freiburg im Breisgau, Basel, Wien 1989, Seite 143 f.

5. Didaktische Aspekte bei der Gestaltung von CBT-Programmen - dargestellt an Beispielen aus dem CBT-Programm 'Rückversicherung'

5.1. Motivation

Je größer der Anteil der Lernprogramme am Unterricht ist, um so mehr nähert sich die Lehrveranstaltung dem Selbststudium und es ist zu erwarten, daß ähnliche Motivationsprobleme auftreten wie sie zum Beispiel bei Fernlehrgängen zu beobachten sind. Hier stellt sich die Frage: Wie kann neben der extrinsischen Motivation die intrinsische Motivation erhöht werden? Das heißt, wie muß das Lernprogramm gestaltet sein, damit nicht die extrinsische Belohnung im Vordergrund steht, sondern der Spaß am Lernen mit dem Lernprogramm um des Lernens willen. Intrinsische Motivation kann durch Verfremdung, Verstärkung, Anschaulichkeit und Aktivierung erhöht werden[111].

Verfremdung:

Durch Verfremdung wird ein Gegenstand oder eine Methode künstlich interessant gemacht. Dies liegt bei CBT-Programmen in der Natur der Sache, da diese Art von Lernen mit dem Computer noch den Reiz des 'Neuen' und 'Fremden' in sich birgt. Dieser Anreiz sollte jedoch nicht überschätzt werden.

Verstärkung:

Häufig wiederkehrende Erfolgserlebnisse verstärken die Motivation des Lernenden. CBT-Programme bieten die Möglichkeit des direkten Feedbacks auf Interaktionen des Lerners. Interaktionen sind Eingriffe des Lerners in das Lernprogramm. Diese Eingriffe können vom Lernprogramm provoziert werden, wie zum Beispiel Antworten auf Kontrollfragen oder Veränderungen an einer Simulation. Die Eingriffe können aber auch vom Lerner ausgehen. Beispiele hierfür sind die Interaktionen 'Fortfahren im Programm', 'Auswahl eines Kapitels', 'Aufrufen des Lexikons'. Um mit Verstärkung zu motivieren,

---

[111] *Gröner*, H.: Einflußfaktoren der betrieblichen Ausbildung, Der Jugendliche in der Ausbildung, in: Ausbildung in der Versicherungswirtschaft, Grundsätze und Lösungshilfen für die Praxis und die Ausbilderprüfung, Band I, hrsg. vom Berufsbildungswerk der Versicherungswirtschaft, Köln 1984, Seite 79.

müssen beide Arten von Interaktionen zu positiven Erlebnissen führen. Für vom Lerner ausgehende Interaktionen bedeutet dies, sie müssen zum erwarteten Ergebnis führen - das setzt voraus, daß die Ergebnisse zumindest teilweise vorhersehbar sind. Auf die dadurch entstehenden Probleme der Lernerführung wird in Kapitel 5.2. eingegangen. Bei provozierten Interaktionen, in der Mehrzahl handelt es sich hier um Fragen zur Verständnisüberprüfung, bezieht sich die 'Verstärkung' auf drei Dimensionen:

- Der Schwierigkeitsgrad der Frage muß dem Lernfortschritt des Lerners entsprechen.

- Sowohl Über- als auch Unterforderung führen zu Frustrationen beim Lerner.

- Das Feedback muß 'individuell' auf die Antwort des Lerners abgestimmt sein, und die 'Formulierung' des Feedbacktextes darf keine negativen Verstärkungen hervorrufen.

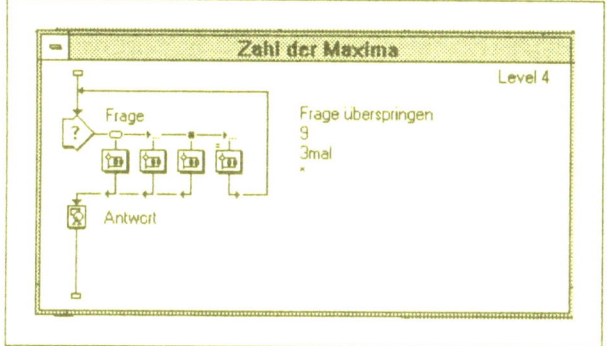

Abb. 10: Einfache Antwortanalyse

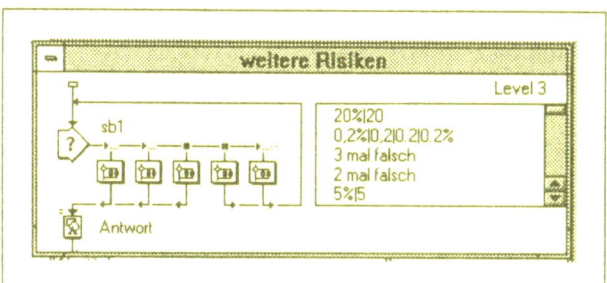

Abb. 11: Gestaffeltes Feedback mit Antwortalternativen

Abbildung 10 zeigt die Struktur einer einfachen Antwortanalyse. Der Lerner hat die Möglichkeit, die Frage zu überspringen und erhält in diesem Fall direkt die richtige Antwort. Für Fehlversuche (*) steht ein allgemeines Feedback zur Verfügung. Nach drei Fehlversuchen erhält der Lerner ein spezielles Feedback (3mal) und anschließend das Ergebnis präsentiert. Diese Art des Vorgehens ist nur für sehr einfache Fragen brauchbar, da sie bei Falschantworten keine Antwortanalyse vorsieht und somit dem Lerner keine antwortspezifischen Hilfestellungen bieten kann. Abbildung 11 zeigt die Struktur einer gestaffelten Antwortanalyse. Hier werden die Antworten auf mögliche Fehler analysiert[112] und Feedbacks mit entsprechenden Hilfestellungen angeboten. Desweiteren wird die Hilfestellung auf die Anzahl der Fehlversuche abgestimmt. Eine weitere Kombinationsmöglichkeit, die auch im CBT-Programm 'Rückversicherung' realisiert wurde, ist die Kombination der Anzahl der Fehlversuche mit der Art des Fehlers. Das Programm registriert dann die Wiederholung eines spezifischen Fehlers und bietet entsprechende weiterführende Hilfestellungen. Diese Art der Antwortanalyse bietet sich bei komplexen Fragen an, sowie bei Fragen, bei welchen das Vorwissen der Lerner sehr unterschiedlich ist.

Anschaulichkeit

Beispiele, Vergleiche und Visualisierung der Lerninhalte vereinfachen die Aufnahme des Lernstoffs und unterstützen damit die intrinsische Motivation. Die Anschaulichkeit ist eines der Hauptargumente für den Einsatz von CBT-Programmen, bietet CBT doch die Möglichkeit, Informationen in Text, Bild, Animation und Simulation zu präsentieren. In alternativen Lernwegen können dem Lerner unterschiedliche Darstellungsformen angeboten werden, so daß er die für seinen Lernertyp am besten geeignete Lernform auswählen kann. Stoffwiederholungen können durch beliebige Variation der Beispiele attraktiv gestaltet werden. Unterschiedliche Darstellung in den Lernphasen und in den Aufgaben helfen, das erworbene Wissen in unterschiedlichen Situationen anzuwenden und leisten damit einen Beitrag zur Transferproblematik[113].

Aktivierung

Aufforderungen zu aktivem Handeln und Entscheiden tragen zur Erhöhung der intrinsischen Motivation bei. Lernen mit CBT-Programmen heißt **aktives** Beschäftigen mit dem Lernstoff. Wie bereits oben ausgeführt, hat der Lerner die Möglichkeit, aktiv in die Steuerung und Simulation des Lernprogramms einzugreifen.

---

[112] In diesem Beispiel ist '20%' die richtige Antwort. '0,2%', '0,2', '0.2', '0.2%' '5%' und '5' sind Falschantworten für die ein speziellen Feedback vorgesehen ist.

[113] *Mandl*, H.; Gruber, H.; Renkl, A.: Lernen mit dem Computer, a.a.o., Seite

Denken (oder lernen) heißt forschen, untersuchen, umdrehen, prüfen und ergänzen mit dem Ziel, etwas Neues zu finden oder etwas Bekanntes in einem neuen Licht zu sehen - kurz, es heißt Fragen zu stellen[114]. Bezieht man dies in die didaktische Konstruktion von CBT-Programmen ein, so kommt man zu einer Spielstruktur, in der sich der Lerner interaktiv in einer Mikrowelt bewegt, in der er sanktionsfrei forschen, untersuchen, umdrehen, prüfen und ergänzen, etwas Neues finden kann. Man entfernt sich so von konventionellen Lernprogrammstrukturen, in welchen dem Lerner der Programmablauf vorgeschrieben wird, ein Programmablauf, von dem der Autor überzeugt ist, daß es der Beste sei. Das freie Wandern in der Mikrowelt stellt jedoch erhebliche Anforderungen an den CBT-Autor, ebenso wie an den Lerner. An den Autor und Lehrer deshalb, weil konventionelle Didaktik mit der Umsetzung von Lernzielen in Lernschritte und Beispiele nicht mehr genügt; es muß ein kreativer Akt hinzukommen, in dem eine Mikrowelt erschaffen wird, welche für die Vermittlung des Lernstoffs geeignet ist. An den Lerner werden höhere Ansprüche gestellt, da er selbständiger und eigenverantwortlicher lernen muß; das Lernprogramm schreibt ihm nicht vor, welche Inhalte er intensiv behandeln muß und welche weniger intensiv. Es wird vom Lerner erwartet, daß er je nach seinen Defiziten entscheidet, welche Teile des Lernprogramms für ihn relevant sind[115].

"Das Erstellen solcher computerorientierter Lernprogramme ist heute nicht mehr ein technisches, wohl aber ein didaktisches Problem. Die Erstellung guter Programme erfordert in erster Linie gute Lehrer."[116]

Zur besseren Nutzung von **Verfremdung, Verstärkung, Anschaulichkeit und Aktivierung** zur Motivation der Lerner bietet der **integrative Ansatz** folgende Vorteile:

- Durch die Integration der Zielgruppe kann die Mikrowelt wesentlich besser an die Erwartungen der zukünftigen Lerner adaptiert werden.

- Beispiele, die von Inhaltsspezialisten zusammen mit der Zielgruppe erstellt werden, sind inhaltlich exakt und realitätsnah und auf einem Verständnisniveau, das die späteren Lerner weder über- noch unterfordert.

- Textgestaltung und Formulierung der Feedbacks können zielgruppengerechter formuliert werden.

---

[114] Vgl. *Dewey*, J.: How to think, Boston, 1910, Seite 265, zitiert aus Brown, Ann L., Metakognition, Handlungskontrolle, Selbststeuerung und andere, noch geheimnisvollere Mechanismen, in: Metakognition Motivation und Lernen, hrsg. von Franz E. Weinert, Rainer H. Kluwe, Stuttgart 1984, Seite 62.

[115] Zur Problematik der Metakognition siehe auch Kapitel 2.3.

[116] *Dubs*, R.: Ausbildungsszenarien für das Jahr 2000, a.a.O., Seite 363.

- Der Schwierigkeitsgrad von Kontrollfragen kann bereits in der Entwicklung getestet werden.

5.2. Lernerführung

Die Motivation bei der Bearbeitung von CBT-Programmen beruht zum großen Teil auf den Interaktionsmöglichkeiten des Lerners. Im Gegensatz zur 'programmierten Unterweisung' muß der Lerner das Programm nicht in einer festgelegten Reihenfolge bearbeiten, sondern kann den Programmablauf aktiv beeinflussen. In modernen Programmen kann sich der Lerner frei im Programm bewegen und so seinen Lernweg frei gestalten. Je nach Bedarf kann der Lerner das Programm linear durcharbeiten, sich einzelne Kapitel heraussuchen oder auch während der Bearbeitung in ein anderes Kapitel wechseln. Neben der Steuerung des Programms werden dem Lerner weitere Möglichkeiten zur Interaktion bei der Bearbeitung von Beispielen bzw. bei der Beantwortung von Kontrollfragen geboten.

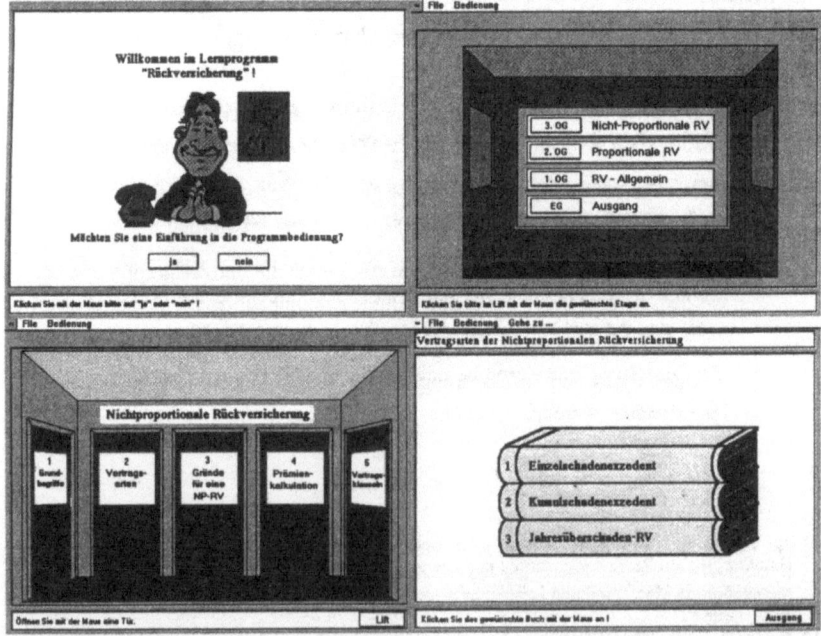

Abb. 12: Lernerführung

60

Bei der Steuerung des Programms 'Rückversicherung' hat der Lerner sämtliche Freiheiten. Zu Anfang wird er von einem 'Pförtner' begrüßt und gefragt, ob er eine kurze Einführung in die Bedienung des Programms haben möchte. Anschließend kann sich der Lerner in einem Lift das gewünschte Oberkapitel als 'Etage' auswählen und gelangt so nach der Auswahl einer Abteilungstüre zu einem Bücherstapel. Öffnet der Lerner ein Buch, so führen ihn ein Herr als Repräsentant des Erstversicherers und eine Dame als Repräsentantin des Rückversicherers durch das Programm. Im Fortlauf des Programms stehen ihm die Optionen 'Weiter', 'Zurück', 'Frage überspringen' und der direkte Weg zu den Kapitelmenüs 'Lift', 'Abteilungen' und 'Bücher' offen. Desweiteren kann der Lerner im Programm jederzeit ein Lexikon aufrufen oder das Programm beenden. Die Optionen 'Weiter' und 'Frage überspringen' erscheinen je nach Bedarf in der Bedienerzeile rechts unten. Die weniger häufig gebrauchten Optionen 'Zurück', 'Lift', 'Abteilungen', 'Bücher', 'Lexikon' und 'Ende' sind in Pulldown-Menüs untergebracht. Im Pulldown-Menü 'Bedienung' steht dem Lerner außerdem eine Uhr zur Verfügung.

So kann sich der Lerner jederzeit zu einem anderen Kapitel bewegen.

Abb. 13: Programmsteuerung

Auf ein 'Lesezeichen', welches dem Lerner erlaubt, zu einem späteren Zeitpunkt das Programm an der Stelle weiterzuführen, an welcher er es unterbrochen hat, wurde aus technischen Gründen verzichtet, da beim Einsatz an der Universität damit gerechnet werden muß, daß mehr als 100 Studenten abwechselnd an verschiedenen Geräten arbeiten.

Um dem Lerner freie Gestaltung seiner Lernzeit zu ermöglichen wurde im CBT-Programm 'Rückversicherung' folgender Standard realisiert. Der Bildschirm baut sich teilweise zeitgesteuert auf. Es wird jedoch nichts vom Bildschirm gelöscht, ohne daß der Lerner aktiv wird.

Im folgenden Kapitel wird dargestellt, wie Bildschirmaufbau und Codierung von Informationseinheiten zur besseren Wissensvermittlung genutzt werden können.

5.3. Bildschirmgestaltung

5.3.1. Bildschirmstrukturierung

Es liegt nahe, bei der Gestaltung des Bildschirms zuerst das Umfeld festzulegen, in welches sich die Informationen einfügen. Diese 'Grobstrukturierung' des Bildschirms entsteht durch räumliche Fixierung von Informationsklassen, das sind Informationen, die inhaltlich zusammengehören. Diesen Informationsklassen werden dann festgelegte Bildschirmbereiche zugeordnet.

In der Softwareergonomie wird der Bildschirm in der Regel in die Bereiche Status-, Melde-, Arbeits- und Befehlsfenster eingeteilt[117].

Das Arbeitsfenster ist grundsätzlich im mittleren Bereich des Bildschirms angeordnet. Darin finden sämtliche Operationen statt, die der Benutzer im Rahmen seiner Arbeitsaufgabe auszuführen hat. In der linken oberen Ecke befindet sich das Statusfenster, das Informationen über den momentanen Standort im Programmablauf enthält. Der untere Bildschirmrand ist durch das Befehlsfenster belegt. Darin sind zum Beispiel die Funktionstasten angedeutet, mit deren Hilfe man unterschiedliche programmspezifische Befehle ausführen kann. Das Meldefenster befindet sich in der oberen rechten Bildschirmecke. Hier werden Systemmeldungen und Warnungen angezeigt.

---

[117] Vgl. *Benz, C., Grob, R. , Haubner* P.: Gestaltung von Bildschirmarbeitsplätzen, Arbeitsplatz, Umgebung, Organisation und Systemeinführung, hrsg. von W. Lange., M. Hagenköter, W. Doerken, Dortmund, Darmstadt 1981, Seite 68 ff.

Für CBT-Programme ist diese Aufteilung nur bedingt geeignet, da diese Programms in ständigem **Dialog** mit dem Lerner stehen und dadurch ein höherer Grad an Interaktionshandlungen erforderlich ist, als dies bei Anwendungssoftware der Fall ist. Geht man davon aus, daß ein Bildschirm ähnlich wie ein Brief oder eine Buchseite von der linken oberen Ecke zur rechten unteren Ecke 'gelesen' wird, bietet sich folgende Aufteilung an.

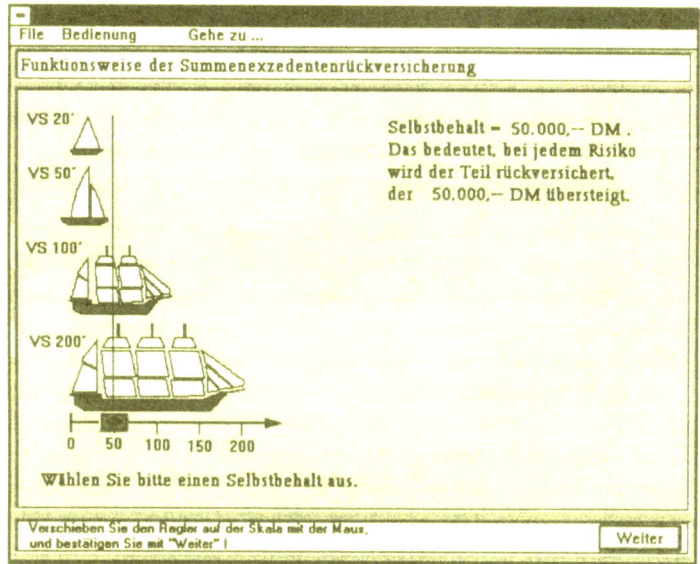

Abb. 14: Bildschirmaufteilung

Die Standortbeschreibung in der linken oberen Ecke erscheint als sinnvoll. Auch das Arbeitsfenster nimmt sinnvollerweise die Mitte des Bildschirms ein. Für die Programmsteuerung ergeben sich mehrere Standorte. So hat sich für das 'Blättern' im Programm die rechte untere Ecke bewährt, da der Lerner hier den Bildschirm verläßt. Die rechte untere Ecke bildet auch eine Analogie zum Umblättern im Buch. Bedingt durch die räumliche Nähe bietet sich die linke untere Ecke für Hinweise zur Programmsteuerung an. Weitere Funktionen zur Programmsteuerung, wie zum Beispiel der Wechsel in andere Kapitel, das Aufrufen eines Lexikons oder das Beenden des Programms können entweder als Funktionstasten am unteren Bildschirmrand - wegen der räumlichen Nähe zu den Funktionstasten der Tastatur - oder bei Mausbedienung in Pulldown-Menüs untergebracht werden. Im CBT-Programm 'Rückversicherung' entschieden sich die Projektteilnehmer für die Unterbringung in Pulldown-Menüs, da somit mehr Platz für das Arbeitsfenster zur Verfügung steht und das Lernprogramm unter der Bedienungsoberfläche 'Windows' abläuft. Man kann deshalb davon ausgehen, daß die Lerner mit dem

Umgang von Pulldown-Menüs vertraut sind. Durch die Benutzung von Pulldown-Menüs werden potentielle Störinformationen vom Bildschirm beseitigt. Unter Störinformationen versteht man Informationen, die in der augenblicklichen Lage nicht zur Lösung einer Aufgabe beitragen[118].

Inhaltsbezogene Meldungen des Programms stellen eine Besonderheit von CBT-Programmen dar. Sie beziehen sich nicht auf den Programmablauf, sondern auf den Lerninhalt, so zum Beispiel Feedbackmeldungen bei der Beantwortung einer Frage. Hier liegt es nahe, die Meldung in räumlicher Anordnung zur Aufgabenstellung bzw. zum inhaltlichen Kontext im Arbeitsfenster zu plazieren[119]. Um den Lerner bei der Aufnahme von Informationen zu unterstützen, ist zu gewährleisten, daß die Plazierung der Informationsklassen über den gesamten Programmablauf einheitlich ist und beibehalten wird[120].

Neben der Gesamtordnung am Bildschirm, die durch Einteilung in Informationsklassen erreicht werden kann, trägt auch die Ordnung innerhalb der Informationsklassen zur Erleichterung der Wahrnehmung bei. Erreicht wird dies vor allem durch die Bildung von **Informationsblöcken**. Hier werden Daten nach ihrer Zusammengehörigkeit zu Blöcken geordnet. Blockbildung kann durch Anwendung der Gestaltbildungsgesetze erreicht werden[121]. Bei der Erstellung des Drehbuchs zum CBT-Programm 'Rückversicherung' wurde darauf geachtet, daß sich unterschiedliche Informationsblöcke deutlich von einander abheben. So wurde zum Beispiel die Geschlossenheit von Tabellen, Fragesituationen oder Feedbacks mit Umrandungen verstärkt. Das Gesetz der räumlichen Nähe wurde genutzt, um zum Beispiel Textinformationen an Grafiken zu binden. Kontinuität sollte nicht nur in der Anordnung von Informationsklassen gewahrt werden, sondern auch in der Plazierung von Informationsblöcken. So entschieden sich die Projektteilnehmer für folgende Aufteilung der Arbeitsfenster. Für die Anordnung von Text und Grafikelementen wurden zwei Varianten erarbeitet. Grafische Darstellungen der Lerninhalte erscheinen entweder links im Bild oder in der oberen Bildschirmhälfte, während textcodierte Inhalte entsprechend links im Bild oder unter den Grafiken erscheinen. Feedbacks an den Lerner erscheinen in der Regel in der unteren Hälfte des Arbeitsfensters, soweit nicht die

---

[118] Vgl. *Zweringa, H., Haubner, P.*: Gestaltung von Informationen auf dem Bildschirm, in: Software-Ergonomie, hrsg. von K.-F. Fähnrich, Wien, Oldenburg 1987, Seite 138, und *Benz, C., Grob, R. , Haubner P.*: Gestaltung von Bildschirmarbeitsplätzen, a.a.o., Seite 68.

[119] Vgl. *Brown, M.*: Human computer interface design guidelines, Berkeley, California 1988, Seite 32.

[120] Vgl. *Lauter, B.*: Softwareergonomie in der Praxis: Software anwenderfreundlich schreiben, München, Wien, Oldenburg 1987, Seite 102.

[121] Vgl. *Rohr, G.*: Grundlagen menschlicher Informationsverarbeitung, in: Einführung in die Software-Ergonomie, hrsg. von H. Balzert, H.- U. Hoppe, R. Oppermann, H. Penschke, G. Rohr und N. Seitz, Berlin, New York 1988, Seite 31 ff.

räumliche Nähe zur Frage einen anderen Standort erfordert. Diese Anordnung wurde bis auf wenige, zwingende Ausnahmen beibehalten.

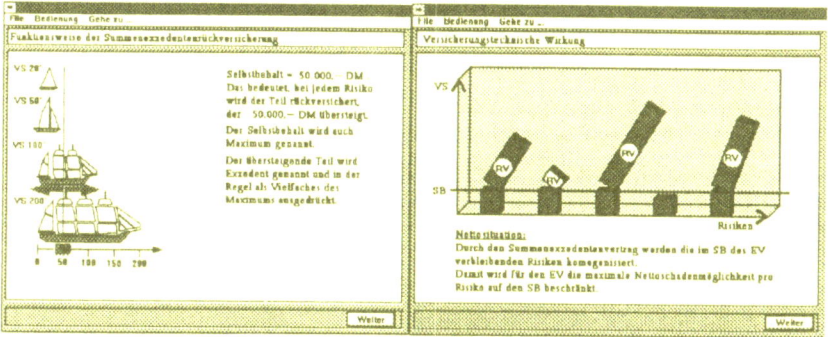

Abb. 15: Aufteilung des Bildschirms in Informationsblöcke

5.3.2. Bildschirm- und Informationscodierung

Die Aufmerksamkeit des Lerners kann durch Codierung einzelner Teile der darzustellenden Information gelenkt werden. Codierungsprozesse basieren auf der Verschlüsselung von Daten. Entscheidend für die Wirkung ist, daß der Lerner über das nötige Wissen zur Decodierung verfügt, bzw. daß die Codierung so offensichtlich ist, daß die Decodierung keine Schwierigkeiten bereitet. Es stehen die drei eindimensionalen Codierungsarten 'Zeit', 'Ort', und 'Farbe' zur Verfügung. Daten können sowohl eindimensional wie auch mehrdimensional codiert werden. Während uncodierte und auch eindimensional codierte Daten vom menschlichen Informationssystem nur seriell verarbeitet werden können, bietet die Kombination von Codierungen die Möglichkeit, daß das Nervensystem die unterschiedlichen Codierungen parallel, also gleichzeitig, verarbeitet[122]. Zur Codierung von Daten können drei Arten unterschieden werden. Die **Codierung differenzierter Informationsmittel,** zum Beispiel durch Textzeichen, die **Codierung komplexer Informationsmittel,** zum Beispiel durch Grafiken oder Piktogramme und die **Hervorhebungscodierung.**

---

[122] Vgl. *Krueger*, H.: Arbeiten mit dem Bildschirm - aber richtig!, hrsg. vom Bayerischen Staatsministerium für Arbeit und Sozialordnung, RB-Nr. 10/89/11, 9. Auflage, München 1989, Seite 30ff; *Zweringa*, H.; *Haubner*, P.: Gestaltung von Informationen auf dem Bildschirm, in: Software-Ergonomie, hrsg. von K.-F. Fähnrich, Wien, Oldenburg 1987, Seite 137.

Buchstaben und Ziffern als Ausdruck der menschlichen Sprache werden als **differenzierte Informationsmittel** bezeichnet, da sie exakt festgelegte Informationen übermitteln[123]. Dieser qualitativ hohe Grad der Informationsübermittlung bringt aber gleichzeitig den Nachteil mit sich, daß derart codierte Informationen nur mit relativ geringer Geschwindigkeit vom Menschen aufgenommen und verarbeitet werden können[124]. Es liegt nahe, nur diejenigen Informationen so zu codieren, deren Charakter eine entsprechende Genauigkeit erfordert. Vor allem zu nennen sind hier Fachwörter, welche auch in codierter Form gelernt werden sollen. Wo differenzierte Codierung erfolgt, sollten die Regeln der Erkennbarkeit und Lesbarkeit von Textzeichen beachtet werden[125]. Im CBT-Programm 'Rückversicherung' wurden folgende Standards festgelegt:

- Beschränkung auf die zwei proportionalen Schriftarten Helvetica und Times Roman

- Groß- und Kleinschreibung

- Verzicht auf Kursivschrift.

Im Gegensatz zu Buchstaben und Ziffern, die eine exakte Informationsübermittlung ermöglichen, steht die **komplexe Codierung**, welche Informationen mit geringerer Präzision an den Lerner übermittelt. Die komplexe Codierung bezieht sich auf die Codierung von Daten in Form von grafischen Elementen wie Piktogrammen, Ikonen oder Bildern. Der entscheidende Vorteil liegt vor allem in der hohen Geschwindigkeit, mit der das menschliche Nervensystem diese Art der Codierung verarbeiten kann[126].

Sowohl die differenzierte wie auch die komplexe Codierung basiert auf gut erkennbaren und unterscheidbaren Formen. Unterscheidbarkeit ist die Voraussetzung, um Fehlinterpretationen und damit Irritationen beim Lerner zu vermeiden[127]. Im CBT-Programm 'Rückversicherung' wurden folgende Grafiken und Piktogramme verwendet. Die 'Eule' markiert einen Merksatz, kleine Grafiken wie Häuser, Schiffe, Kraftfahrzeuge usw. stellen verschiedene Versicherungssparten und Risiken dar. Der Erstversicherer wird durch einen Mann, der Rückversicherer durch eine Frau dargestellt.

---

[123] Vgl. *Krueger*, H.: Arbeiten mit dem Bildschirm, a.a.o., Seite 30.

[124] Vgl. *Krueger*, H., Arbeiten mit dem Bildschirm, a.a.o., Seite 31.

[125] Vgl. *Hoffmann*, T.; *Klose*, H.-G.; *Martin*, H.: Handbuch zur softwareergonomischen Gestaltung von Bildschirmmasken, Fortschr.-Ber. VDI Reihe 10 Nr. 103, Düsseldorf 1989, Seite 79 ff.

[126] Vgl. *Krueger*, H.: Arbeiten mit dem Bildschirm, a.a.o., Seite 31.

[127] Vgl. *Cakir*, A., *Hart*, D., *Stewart*, F.: Bildschirmarbeitsplätze, Berlin, Heidelberg, New York 1980, Seite 100.

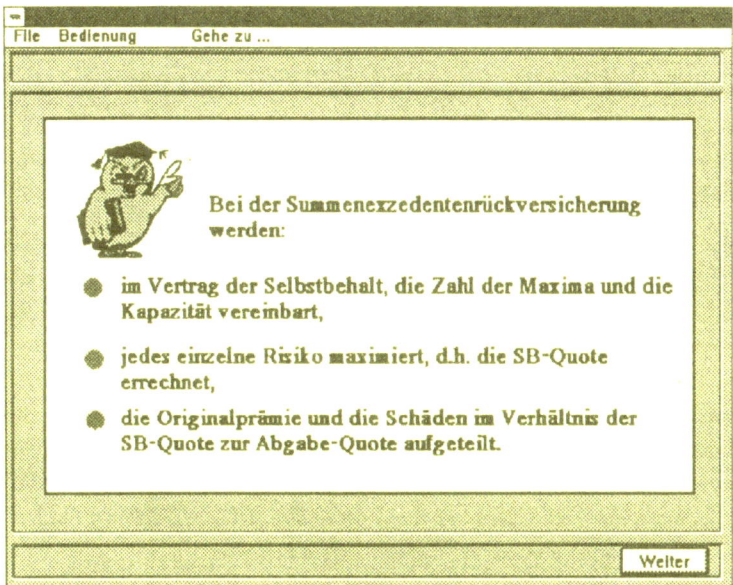

Abb. 16: Piktogramm für einen Merksatz.

Durch die schnelle Verarbeitung - für die Wahrnehmung von Ikonen reicht in der Regel eine Zeitspanne von einer Viertelsekunde[128] - zeichnen sich Piktogramme dadurch aus, daß sie einprägsam, schnell erinnerbar und schnell erlernbar sind[129]. Bedenkt man, daß CBT-Programme vom Lerner in der Regel nur bis zur Erreichung eines beabsichtigten Lernerfolgs - und damit nur für einen kurzen Zeitraum - genutzt werden, so zeigt sich, wie wichtig es ist, die Anforderungen, insbesondere die Lernanforderungen, die zur Bewältigung der Interaktion mit dem Computer erforderlich sind, zugunsten der eigentlichen 'Lernaufgabe' zu senken. Piktogramme zeichnen sich durch hohe Verständlichkeit aus und leisten dadurch einen großen Beitrag zur Selbstbeschreibungsfähigkeit des Programms[130].

Innerhalb einer Informationsmenge besitzen in der Regel nicht alle Daten den gleichen Stellenwert. Zur Betonung derjenigen Informationen, die einen höheren Stellenwert

---

[128] Vgl. *Murch*, G., *Woodworth*, G.: Wahrnehmung, 1. Auflage, Stuttgart, Berlin, Köln, Mainz 1977, Seite 27 f.

[129] Vgl. *Hoffmann*, T.; *Klose*, H.-G.; *Martin*, H.: Handbuch zur softwareergonomischen Gestaltung von Bildschirmmasken, a.a.o., Seite 72.

[130] Vgl. *Lauter*, B.: Softwareergonomie in der Praxis, a.a.o., Seite 36.

dierung, Helligkeits- bzw. Kontrastcodierung, halbgrafische Symbole und Schriftarten[131] zur Verfügung. Auf die Codierung durch verschiedene Schriftarten wie zum Beispiel Kursivschrift, wurde im Programm 'Rückversicherung' aus technischen Gründen verzichtet, da die Bildschirmauflösung-VGA hierfür keine akzeptablen Resultate liefert. Halbgrafische Symbole wie zum Beispiel Linien werden zur Abgrenzung von Informationsklassen benutzt, geben jedoch keine Aussage über den Stellenwert der Information.

Erst durch Nutzung der innerhalb einzelner Codierungsmittel bestehenden Reizstufen läßt sich eine Codierung der dargebotenen Informationen nach dem Grad der Wichtigkeit erreichen. Helligkeits- bzw. Kontrastcodierung entsteht durch unterschiedliche Intensität von Vorder- zu Hintergrund. Da diese Intensität sehr stark durch die Hardware wie Bildschirm, Grafikkarte und Bildschirmeinstellung beeinflußt wird, ist sie für die Hervorhebungscodierung in CBT-Programmen ungeeignet. Als einzig wirksames Mittel zur Hervorhebung verbleibt die Farbcodierung. Zur Codierung ausgewählte Farben sollten im ganzen Programm ihre Bedeutung konsequent beibehalten[132]. Das heißt, daß jedem Informationstyp eine Farbe dauerhaft zugeordnet wird. Bei der Gestaltung des Lernprogramms 'Rückversicherung' wurden folgende Farben eingesetzt:

Bildschirmhintergrund	hellgrau
Normale Schrift	schwarz
Feedbackfenster	beige
Hilfefenster	grün
Merksatzfenster	hellblau
Texthervorhebungen	lila
Interaktionsanweisungen	graublau
Erstversicherer	blau
Rückversicherer	rot

---

[131] Vgl. *Benz*, C.; *Grob*, R.; *Haubner*, P.: Gestaltung von Bildschirmarbeitsplätzen, Arbeitsplatz, Umgebung, Organisation und Systemeinführung, hrsg. von W. Lange, M. Hagenköter, W. Doerken, Dortmund, Darmstadt 1981, Seite 63 ff.

[132] Vgl. *Lauter*, B.: Softwareergonomie in der Praxis, a.a.o., Seite 119.

Ziel eines Wechsels der Hintergrundfarbe ist es, den Benutzer durch den Farbwechsel, einem visuell einfach wahrnehmbaren Codierungsmittel, auf den parallel dazu stattfindenden Wechsel des Informationstyps aufmerksam zu machen. Damit ist es dem Lerner nach kurzer Gewöhnungszeit möglich, den Typ und die Wichtigkeit der dargebotenen Daten vorweg zu erkennen. Auch bei der Codierung kleiner Informationsteile wurde konsistentes Vorgehen angestrebt. So wurde allen grafischen Elementen, die den Rückversicherer bzw. dessen Situation repräsentieren, die Farbe rot zugeordnet, jenen, die den Erstversicherer repräsentieren, die Farbe blau. Diese Farben wurden auch zur Hervorhebung im Text benutzt, so daß eine Zuordnung von Text zu Grafik möglich ist.

Wird das Ziel verfolgt, die Aufmerksamkeit auf eine bestimmte Information zu lenken, muß darauf geachtet werden, daß in der Informationsmenge nur sehr sparsam mit Hervorhebungen umgegangen wird, es kann sonst dazu kommen, daß uncodierte Daten stärker auffallen als codierte[133].

5.4. Mensch-Computer-Dialog

5.4.1. Dialogtechnik

Die Qualität der Dialogschnittstelle zwischen Mensch und Computer entscheidet in hohem Maße über die Benutzerfreundlichkeit der Lernsoftware. Voraussetzung für den Dialog mit dem Computer ist, daß die Software die Handlungen des Benutzers versteht und daß der Benutzer seinerseits die Eingriffsmöglichkeiten erkennt und begreift. So entsteht ein Informationsaustausch mit Dialogcharakter[134].

Neben der Dialoggestaltung, welche festlegt, wie Systemmeldungen gestaltet werden, welche Dialogfunktionen dem Lerner angeboten werden und wie der Dialog zeitlich gestaltet wird, bildet die gewählte Dialogtechnik die Basis für den Computer-Mensch-Dialog. Zu unterscheiden sind benutzergeführte Techniken von systemgeführten Techni-

---

[133] Vgl. *Brown*, M.: Human computer interface design guidelines, Berkeley, California 1988, Seite 45 f.

[134] Vgl. *Kupka*, I., *Wilsing*, N.: Dialogsprachen, aus Schriftenreihe: Leitfäden der angewandten Mathematik und Mechanik LAMM Band 32, Stuttgart 1975, Seite 42.

ken sowie multimodale Techniken, welche eine Mischform aus den beiden erstgenannten darstellen.

Als Hauptvertreter der **benutzergeführten** Dialogtechniken sind die Kommando- und Programmiersprachen zu nennen. Sie zeichnen sich dadurch aus, daß der Benutzer das Dialogziel und damit auch den Ablauf des Dialogs frei bestimmen kann. Der Computer meldet lediglich die Bereitschaft zur Aufnahme von Informationen. Dieser Flexibilität und Komplexität steht der Nachteil gegenüber, daß der Benutzer die komplexe Syntax der Kommandosprache erlernen muß[135]. Der Lerner wird somit bei der Bearbeitung des CBT-Programms hinsichtlich zweier Faktoren zusätzlich belastet. Zum einen entsteht zum inhaltlichen Lernen ein weiterer Lernaufwand für die Dialogbedienung, zum anderen erhöht sich der mentale Aufwand, da Kommandosprachen nicht über Wiedererkennungsprozesse, sondern über Erinnern bereits gelernter Kommandos angewendet werden. Aufgrund der in der Regel hohen inhaltlichen Lernbelastung bei der Bearbeitung von Lernprogrammen scheint es sinnvoll, die Dialogsteuerung so benutzerfreundlich wie möglich zu halten. Ebenfalls zu den Kommandosprachen zählt die Befehlsaktivierung durch Funktionstasten. Entscheidend für die Zuordnung zu den benutzergeführten Dialogtechniken ist jedoch, daß das Wissen über die Eigenschaften bzw. die Belegung der Funktionstasten reproduziert und nicht durch Wiedererkennen verfügbar gemacht wird[136]. Begrifflich oder bildlich festgelegte Funktionstasten stellen bereits eine Übergangsform zum systemgeführten Dialogablauf dar.

Von **systemgesteuerter Dialogtechnik** spricht man bei Formen wie Formulardialog, Dialog mit Eingabeanweisung und Menüdialog[137]. Der Formulardialog basiert auf dem Ausfüllen von 'Formulareingabemasken' zur Erfassung größerer Datenmengen. Diese Art der Dialogführung kann für CBT-Programme vernachlässigt werden. Der Dialog mit Eingabeanweisung ist dadurch gekennzeichnet, daß der Lerner zu einer Fragestellung eine konkrete Eingabeanweisung erhält. Diese Form der Dialogsteuerung findet man bei offenen Kontrollfragen wieder, wo der Lerner die Antwort in Zeichenform über die Tastatur eingeben kann. Da davon ausgegangen werden kann, daß der Lerner CBT-

---

[135] Vgl. *Hanne*, H. K.; *Fähnrich*, K.; *Hoepelman*, J.: Integrierte multimodale Mensch-Rechner-Kommunikation - ein Beispiel eines natürlichsprachlichen und graphischen Systems, in: Software-Ergonomie '85, hrsg. von H.-J Bullinger, Stuttgart 1985, Seite 66.

[136] Vgl. *Haring*, G.; *Krasser*, T.: A realisation of a Human-Computer-Interface for a naive user - a case study, in Readings on Cognitive Ergonomics -, in: Mind and Computers, hrsg. von Goos, G., J. Hartmanis, Berlin, Heidelberg, New York, Tokyo 1984, Seite 184.

[137] Vgl. *Ilg*, R., *Ziegler*, J.: Interaktionstechniken, in: Software-Ergonomie, hrgs. von K.-P. Fähnrich, München, Wien, Oldenburg 1987, Seite 110.

Programme nur von Fall zu Fall benutzt, ist es sinnvoll, zu jeder Interaktion eine passende Eingabeanweisung zu formulieren[138].

Eine häufig anzutreffende Form der Dialogsteuerung bei CBT-Programmen stellt die Menüform dar. Sie vergegenwärtigt dem Lerner auf visuellem Wege die in der jeweiligen Situation ausführbaren Handlungen[139]. Menüsysteme bauen auf dem Auswahlprinzip auf. Diese Präsentation der Handlungsalternativen erleichtert die Erlernbarkeit und entlastet den Lerner bei der Programmsteuerung. Auswahlmenüs können sich auf die Ablaufsteuerung des Lernprogramms beziehen, sie können Hilfsmittel zur Verfügung stellen oder zur Beantwortung einer Kontrollfrage (Auswahlfrage) dienen. Im CBT-Programm 'Rückversicherung' wurden die Hilfsmittel sowie Teile der Programmsteuerung in Pulldown-Menüs untergebracht. So stehen die Befehle dem Lerner jederzeit zur Verfügung, belegen jedoch kaum Platz auf dem Bildschirm. Pulldown-Menüs stellen als direkt manipulative Techniken bereits den Übergang zur multimodalen Dialogtechnik dar.

Vertreter **multimodaler oder hybrider Dialogtechniken** sind natürlichsprachliche Systeme oder direktmanipulative Techniken. Natürlichsprachliche Systeme werden hier nicht betrachtet, da ihr Einsatz in CBT-Programmen zur Zeit aus ökonomischen Gesichtspunkten noch nicht sinnvoll ist. Direkt manipulativ bedeutet, daß Objekte des Aufgabenbereichs weitgehend in bildlicher Form dargestellt werden und nicht über die Eingabe von Kommandos, sondern direkt durch physische Aktionen mit der 'Mouse' bewältigt werden[140]. Im CBT-Programm 'Rückversicherung' bewegt sich der Lerner zum Beispiel durch direkte Manipulation durch die Menüebenen. Einzelne Kapitel oder Abschnitte des Lernprogramms werden in Form von Metaphern als Etagen eines Gebäudes, als Türen von Abteilungen oder als Bücher dargestellt. Der Lerner trifft seine Auswahl zum Beispiel im Lift durch direkte Manipulation der Etagenknöpfe. Die konkrete aufgabenadäquate Darstellung von Informationen mit Hilfe von Analogien der realen Arbeitswelt wird auch als 'Direktheit der Information' bezeichnet. Aufgrund einfacherer Durchschaubarkeit der bildlich dargestellten Information fordert sie den Benutzer auf, eine Handlungsintention zu bilden und damit die Frage 'Was will ich erreichen' zu klären[141]. Diese Eigenschaften erleichtern also dem Benutzer die Umsetzung seiner Ziele

---

[138] Vgl. *Ilg*, R., *Ziegler*, J.: Interaktionstechniken, a.a.o., Seite 108.

[139] Vgl. *Hoffmann*, T.; *Klose*, H.-G.; *Martin*, H.: Handbuch zur softwareergonomischen Gestaltung von Bildschirmmasken, a.a.o., Seite 35.

[140] Vgl. *Altmann*, A.: Direkte Manipulation: Empirische Befunde zum Einfluß der Benutzeroberfläche auf die Erlernbarkeit von Textsystemen, in: Zeitschrift für Arbeits- und Organisationspsycholgie 31 (N.F.5) 3-1987, Seite 108.

[141] Vgl. *Frese*, M.; *Schulte-Göcking*, H.; *Altmann*, A.: Lernprozesse in Abhängigkeit von der Trainingsmethode, von Personenmerkmalen und von der Benutzeroberfläche (Direkte

in konkrete Handlungen. Hauptrepräsentant von Techniken der direkten Manipulation sind Popup-, Pulldown- und Dropdown-Menüs. Popup-Menüs erscheinen an der aktuellen Bearbeitungsstelle auf dem Bildschirm, während sich Pulldown- und Dropdown-Menüs nach Anwahl aus der Menüzeile am oberen Bildschirmrand entwickeln. Für das CBT-Programm 'Rückversicherung' wurde die Technik der Pulldown-Menüs gewählt, da sich diese in Benutzeroberflächen wie 'Windows', 'OS2' und auf den Apple-Geräten bereits als Standard durchgesetzt haben.

5.4.2. Dialoggestaltung

Die Benutzerfreundlichkeit von CBT-Programmen hängt nicht nur von der Wahl geeigneter Dialogformen, sondern in hohem Maße auch von deren Gestaltung ab. Die **Aufgabenteilung zwischen Mensch und Maschine** gehört zu den grundsätzlichen Entscheidungen, welche bei der Dialoggestaltung zu treffen sind. Aufgaben, die zur Erarbeitung des Sachgebietes oder/und des zu lernenden Stoffes beitragen, sind abzugrenzen von Aufgaben, die zur Bewältigung der Interaktion erfolgen[142]. Aufgaben, welche den Lerner von der inhaltlichen Ebene ablenken und nicht zum Lernfortschritt bzw. zur Motivation des Lerners beitragen, sollten in hohem Maße vom Computer übernommen werden. Zum Beispiel müssen Interaktionen in Form eines vom Lerner auszufüllenden Lückentextes derart gestaltet sein, daß Eingaben auf Tippfehler, Synonyme oder Rechenfehler überprüft werden[143]. Bei Antworten wie 'Falsch' oder 'Eingabe nicht korrekt' ohne Hinweis darauf, was denn falsch sein könnte, besteht die Möglichkeit, Verwirrungen und Frustrationen beim Lerner hervorzurufen. Diese Gefahr droht besonders, wenn die Antwort inhaltlich korrekt ist, und es sich bei der Fehleingabe zum Beispiel lediglich um Tippfehler handelt. Fehlertoleranz beinhaltet somit nicht nur die Aufklärung des Lerners über den Fehler, sondern auch eine Hilfestellung, wie er den Fehler beheben kann[144].

Eine allgemeine Abgrenzung zwischen System- und Benutzeraufgaben ist nicht möglich. Eine Entlastung des Benutzers durch Reduzierung der Interaktionsleistung scheint jedoch nur dann sinnvoll, wenn dadurch der Handlungsspielraum des Lerners nicht eingeschränkt wird.

Manipulation vs. koventionelle Interaktion), in: Software-Ergonomie '87 - nützen Informationssysteme dem Benutzer? hrsg. von W. Schönpflug und M. Wittstock, Stuttgart 1987, Seite 382.

[142] Vgl. *Heeg*, F.: Angewandte Software-Ergonomie, in: Z. Arb. wiss. 41, 1987/2, Seite 34.

[143] Vgl. *Bodendorf*, F.: Computer in der fachlichen und universitären Ausbildung, hrsg. von A. Endres, H. Krallmann und P. Schnupp, München, Wien, Oldenburg 1990, Seite 63.

[144] Vgl. *Frese*, M., *Brodbeck*, F.: Computer in Büro und Verwaltung: Psychologisches Wissen für die Praxis, Berlin, Heidelberg 1989, Seite 131.

Systemmeldungen finden grundsätzlich in zweifacher Hinsicht statt. Betroffen ist einerseits die Interaktionsebene und andererseits die Kontextebene. Auf der Interaktionsebene weist das System den Lerner an, wie er verfahren soll, um beispielsweise im Programm fortzufahren, oder daß seine Eingabe mit der Returntaste bestätigt werden muß. Diese Systemmeldungen erscheinen, wie bereits oben erwähnt, räumlich vom Arbeitsfenster getrennt in der unteren linken Ecke. Interaktionsbezogene Anweisungen sollten immer vorhanden sein, wenn vom System eine Interaktion des Lerners erwartet wird. Mit Berufung auf den Gewöhnungseffekt darf bestenfalls die Anweisung für das Drücken der 'Weiter'-taste entfallen. Auf der Kontextebene erscheinen Meldungen, die die zu lösende Arbeitsaufgabe betreffen. Im CBT-Programm 'Rückversicherung' unterscheiden wir zwischen Feedback und Hilfe. Feedbacks erscheinen als Reaktion auf eine Interaktion des Lernenden in Zusammenhang mit der Beantwortung einer Frage. Kontextbezogene Hilfen werden, soweit sie nicht in Feedbackfenstern enthalten sind, bei komplexeren Fragen zusätzlich angeboten. Ist dies der Fall, erscheint am unteren Bildschirmrand ein Druckknopf mit der Aufschrift 'Hilfe' bzw. 'Formel', falls die Hilfe in der Bereitstellung einer Formel besteht. Somit wird der Forderung nach klarer Trennung von Kontext- und Systemebene entsprochen.

Die **zeitliche Gestaltung** des Dialogs bezieht sich auf die Dauer, für welche Informationen am Bildschirm dargestellt werden. In Präsentationsprogrammen ist es üblich, daß die Abfolge der Bildschirme zeitlich gesteuert ist. Die im Rahmen von CBT-Programmen dargebotenen Informationen fordern vom Lerner jedoch höhere kognitive Leistungen im Lern- und Verstehensprozeß. Da der Erfolg dieser Leistungen sowohl von den Fähigkeiten des Lerners als auch von der Komplexität der Informationen abhängig ist, bietet sich bei Lernprogrammen zwar ein sequentieller Aufbau des Bildschirms an, nicht jedoch ein zeitgesteuerter Wechsel zum nächsten Bildschirm. Im CBT-Programm 'Rückversicherung' wurde der Standard eingehalten, daß ohne Interaktion des Lerners kein Objekt vom Bildschirm gelöscht wird.

Welche **Dialogfunktionen** dem Lerner zu welchem Zeitpunkt zur Verfügung stehen ist ein weiterer Gesichtspunkt der Dialoggestaltung. Im CBT-Programm 'Rückversicherung' stehen die Grundfunktionen wie zum Beispiel 'Weiter' oder 'Beenden' ständig zur Verfügung. Je nach Kontext werden Grundfunktionen deaktiviert bzw. zusätzliche Funktionen aktiviert. Die Grundfunktion 'Zurück' wird zum Beispiel bei Kontrollfragen deaktiviert. Zusätzlich zur Verfügung gestellt werden bei Fragen die Funktion 'Frage überspringen' und je nach Komplexität der Frage die Funktionen 'Hilfe' oder 'Formel'. Um die freie Steuerung durch den Lerner zu gewährleisten, sollten prinzipiell alle Funktionen zur Verfügung stehen. In bestimmten Situationen sind jedoch einzelne Funktionen unnötig und können deaktiviert bzw. vom Bildschirm entfernt werden. Durch eine Kenntlichmachung von Funktionen, welche im Moment nicht aktiviert sind, wird der Benutzer vor

Handlungen bewahrt, welche zu keinem Erfolg führen und somit zur Frustration des Lerners beitragen. Aktivierte Funktionen werden im CBT-Programm 'Rückversicherung' mit schwarzer Schrift dargestellt, deaktivierte Funktionen mit grauer Schrift. Funktionen, welche nur kurzzeitig verwendet werden, wie zum Beispiel die 'Hilfe'-Funktion werden vom Bildschirm gelöscht, wenn sie längere Zeit nicht gebraucht werden.

6. Anwendung des integrativen Konzeptes bei der Erstellung des CBT-Programms 'Rückversicherung'

6.1. Projektorganisation

Für das Projekt 'CBT-Rückversicherung' wurden folgende **Rahmenbedingungen** vereinbart.

Ziel des Gesamtprojektes war die Erstellung eines Lernprogramms in welchem die Grundlagen der Rückversicherung sowie die Grundlagen der proportionalen und nichtproportionalen Rückversicherungsverträge vermittelt werden.

Zielgruppe waren die Studenten des Instituts für betriebswirtschaftliche Risikoforschung und Versicherungswirtschaft der Ludwig-Maximilians-Universität, München (INRIVER), sowie neue Mitarbeiter der Bayerischen Rückversicherung AG, München (BR).

Zeitlicher Rahmen: Das **Pilotprojekt** 'Quotenrückversicherung' wurde im Wintersemester 1989/90 begonnen. Fertiggestellt wurde das Lernprogramm des Pilotprojektes zum 1.5.1990. Vom 2.5. bis 9.5. wurde das Programm mit der späteren Zielgruppe getestet, so daß das Pilotprojekt mit dem Sommersemester 1990 abgeschlossen werden konnte.

Für das **Hauptprojekt**, in dem alle Vertragsarten der Rückversicherung in Lernprogrammodule umgesetzt werden sollten, wurde ein Zeitraum von drei Semestern anberaumt. Beginn Wintersemester 1990/91, Ende Wintersemester 1991/92. So konnte das Lernprogramm an der Universität zum Sommersemester 92 und bei der BR im April 1992 zum erstenmal eingesetzt werden konnte.

Die **Ressourcen** wurden teils vom INRIVER und teils von der BR bereitgestellt. Die Produktionsfaktoren Personal sowie Hard- und Softwareausstattung wurden zu gleichen Teilen vom INRIVER und der BR zur Verfügung gestellt.

Als **Innovation** für beide Partner kann das Projekt bezeichet werden, da sich sowohl die BR als auch das INRIVER mit der Entwicklung des CBT-Programmes auf Neuland begaben. Zu diesem Zeitpunkt existierten Lernprogramme mit kaufmännischem Inhalt nur vereinzelt. Speziell im Versicherungsbereich waren nur rudimentäre Erfahrungen mit älteren Lernprogrammen vorhanden.

Die **Hauptrisiken** des Projektes waren die Akzeptanz des Mediums CBT bei der Zielgruppe, sowie die Zusammensetzung der Projektgruppen aus Studenten und Mitarbeitern der BR, da beide Gruppen ohne Erfahrung in der CBT-Erstellung waren. Auf diese Risiken wird in den Kapiteln 'Adressatenanalyse' und 'Beteiligung aller Betroffener' näher eingegangen.

Am Gesamtprojekt waren folgende **Projektmitglieder** beteiligt:

1 CBT-Koordinator der BR

1 CBT-Spezialist des INRIVER

7 Studenten des INRIVER

4 Inhaltsspezialisten der BR

Der CBT-Spezialist und der CBT-Koordinator des Unternehmens übernahmen die Projektleitung des Gesamtprojekts und aller Teilprojekte, wobei die Projektleitung schrittweise vom CBT-Spezialisten auf den CBT-Koordinator übertragen wurde.

Die technische Umsetzung des Programms wurde vom CBT-Spezialisten nach Einarbeitung in die Autorensoftware übernommen.

Externe Berater wurden nur zur Auswahl des Autorensystems und bei Hardwarekomplikationen hinzugezogen. Die Grafiken wurden zum Teil selbst angefertigt, zum Teil aus Grafikbibliotheken übernommen.

Die **Projektleitung** bereitete zu den Projektsitzungen Rahmendaten vor. Sowohl **Differenzierung als auch Koordination** der einzelnen Aktivitäten wurde im Sinne der Einbeziehung der Mitarbeiter im Plenum gemeinsam entwickelt. In den Plenumssitzungen übernahmen die Projektleiter die Rolle von Moderatoren, um den Mitarbeitern größtmögliche Freiheiten zu lassen. Dezidierte Vorschriften und ein rein aufgabenorientierter Führungsstil hätte sich negativ auf die Kreativität der Mitarbeiter ausgewirkt. Kreativität ist jedoch eine der wichtigsten Voraussetzungen für die Erstellung des Drehbuchs.

Für die **Projektkoordination** standen zwei Personen zur Verfügung. Ein Projektleiter war für die Koordination auf Seiten des INRIVER verantwortlich (Koordination der Studenten, Bereitstellung der Programmierleistung, CBT-Know-how). Der zweite Projektleiter koordinierte alle Ressourcen, welche vom Unternehmen zur Verfügung zu stellen waren (Mitarbeiter mit entsprechendem Fachwissen, finanzielle Mittel zur Anschaffung des Autorensystems). Das Vorgehen wurde in regelmäßigen Projektleitersitzungen abgestimmt. Diese Zusammenarbeit zweier Projektleiter erwies sich als sehr fruchtbar, da durch die frühzeitige Einbindung eines Projektleiters des Unternehmens sichergestellt werden konnte, daß das 'CBT- Know-how' für spätere Projekte in das Unternehmen transferiert werden konnte. Weiterhin konnten Unstimmigkeiten bereits im Vorfeld geklärt werden und belasteten somit nicht die Arbeitssitzungen mit den Projektteilnehmern.

Für die **Projektausführung** wurden Arbeitsgruppen aus Praktikern und Studenten gebildet. Auf die Mischung dieser Arbeitsgruppen und deren spezifischen Vor- und Nachteilen wird im Kapitel 'Beteiligung aller Betroffener' näher eingegangen.

Als Vergleich zur konventionellen CBT-Erstellung wurde eine Arbeitsgruppe aus drei Studenten ohne Inhaltsspezialisten gegründet. Hier wurde nach traditioneller Art das Fachwissen durch einen Inhaltsspezialisten an die Arbeitsgruppe übermittelt. Die Gruppe sollte dann selbständig das Drehbuch entwickeln. Es zeigte sich, daß im Vergleich zu Arbeitsgruppen mit Inhaltsspezialisten ein erheblich größerer Zeitaufwand nötig war. Trotz leichter verständlichem Inhalt waren die Arbeitssitzungen für die Teilnehmer frustrierender, da inhaltliche Meinungsverschiedenheiten nicht sofort durch den Inhaltsspezialisten geklärt werden konnten. Dies führte neben zeitraubenden Rückfragen auch zu emotionalen Spannungen und zum Teil zu offenen Konflikten in der Gruppe.

Im **Pilotprojekt** wurde das Kapitel 'Quotenrückversicherung' des späteren Hauptprogrammes als eigenständiges Lernprogramm entwickelt. Das Projektteam setzte sich wie folgt zusammen:

Projektleitung: 1 CBT-Spezialist und der CBT-Koordinator des Unternehmens

Autorenteam: 2 Studenten + 1 Inhaltsspezialist

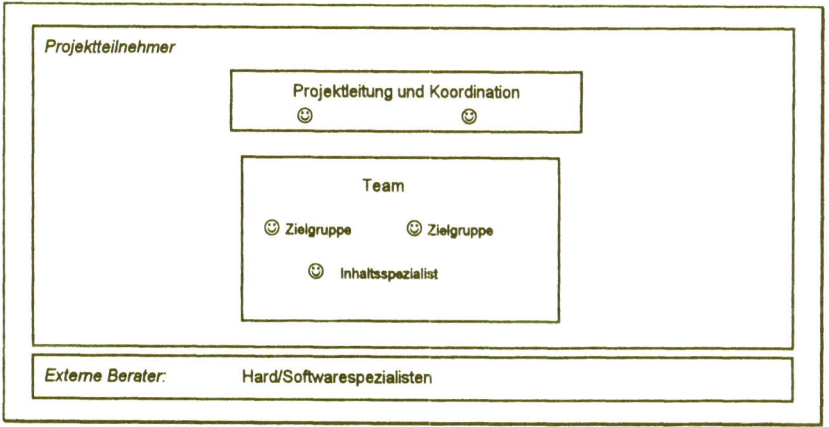

Abb. 17: Projektstruktur des Pilotprojektes

Im ersten Teil des Hauptprojektes hatten die Mitarbeiter die Aufgabe, den Gesamtstoff zu strukturieren, sowie die Drehbücher für die beiden Hauptkapitel 'Proportionale Rückversicherung' und 'Nichtproportionale Rückversicherung' zu entwickeln. Es wurde für jedes Hauptkapitel ein Autorenteam (siehe Abb. 18: Team 1 und Team 2) mit vier Mitgliedern installiert, welches eigenverantwortlich den Inhalt des jeweiligen Hauptkapitels in ein Drehbuch umsetzte. Die Mitglieder eines Teams setzten sich aus je zwei Praktikern (Inhaltsspezialisten) und zwei bis drei Studenten (Zielgruppe) zusammen. In regelmäßigen Sitzungen aller Projektteilnehmer wurden Fragen geklärt, die beide Gruppen betreffen. Dadurch wurde eine harmonische innere Konsistenz des Programms sichergestellt. Die Präsentation der Teilergebnisse vor der gesamten Gruppe diente nicht nur der Korrektur von Fehlern und der Abstimmung mit den anderen Teilen des Programms, sondern auch der gegenseitigen Befruchtung mit Ideen und Anregungen zur Gestaltung von Beispielen und Interaktionen.

Parallel zur funktionalen und inhaltlichen Testphase der in Teil 1 erarbeiteten Programme wurde im zweiten Teil des Hauptprojekts bereits mit der Entwicklung des nächsten Drehbuchs begonnen.

Im zweiten Teil des Hauptprojektes wurde das Kapitel 'Einführung in die Rückversicherung' bearbeitet. In dieser Phase wurde nur noch ein Autorenteam (siehe Abb. 18: Team 3) benötigt.

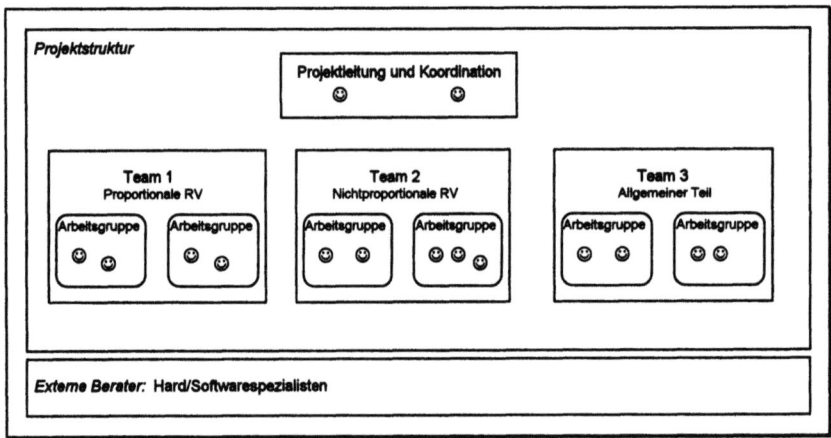

Abb. 18: Projektstruktur Hauptprojekt

So ergaben sich in beiden Hauptteilen die Arbeitsebenen 'Plenum', 'Autorenteam' und 'Arbeitsgruppe' [145]. Die Einteilung der Projektmitarbeiter in die Autorenteams wurde auf Plenumsebene frei vereinbart, so daß sich jeder Mitarbeiter den Inhalt aussuchen konnte, der ihn am meisten interessierte. Die Aufgabenteilung in den Arbeitsgruppen wurde von der Projektleitung zwar angeregt, aber nicht beeinflußt. Die Autorenteams organisierten sich jedoch alle arbeitsteilig, wobei in der Regel zwei bis drei Mitarbeiter eine Aufgabe übernahmen.

6.2. Einsatzplanung

Für das CBT-Programm 'Rückversicherung' mußte die Einsatzplanung für zwei Bereiche vollzogen werden. Zum einen mußte das Programm in die innerbetriebliche Weiterbildung der BR integriert werden, zum anderen in die Lehrveranstaltungen des INRIVER, wobei der Einsatz in beiden Bereichen ähnlich geplant wurde.

Bei der **Medienintensität** entschied man sich für den **computergeleiteten Unterricht**. Die Lerninhalte der 'Rückversicherungsverträge' sind zu komplex, um sie mit der Intensität des 'Total Teaching' zu vermitteln. Es handelt sich hier nicht nur um Faktenwissen - wofür ein reines Selbstlernprogramm vieleicht ausreichen würde - sondern um komplexe Zusammenhänge zwischen den einzelnen Vertragsarten, sowie um Vor- und Nachteile der einzelnen Vertragsarten, welche Situationsabhängig diskutiert werden müssen. Das Gelernte muß deshalb in konventionellen Seminaren oder Workshops aufgearbeitet werden. Dies bietet auch die Möglichkeit, auf aktuelle Ereignisse Bezug zu nehmen und unternehmensspezifische Inhalte einzubinden. Die Kombination mit anderen Lehrmethoden wurde wie folgt geplant:

Im **innerbetrieblichen Einsatz der BR** steht das CBT-Programm an speziellen Lernplätzen ständig zur Verfügung. Lerner können je nach Wunsch einzeln oder in Gruppen das Programm bearbeiten. Für die Einweisung und Betreuung steht der CBT-Koordinator, ein Mitarbeiter der Schulungsabteilung, zur Verfügung. Einmal jährlich, nach Bedarf auch öfter, wird der Inhalt in Form eines mehrtägigen Seminars aufgearbeitet. Die Bearbeitung des CBT-Programmes wird für die Teilnahme am Seminar vorausgesetzt, so daß man mit dem Seminar auf einen relativ homogenen Wissensstand aufbauen kann. Die Bearbeitung des Lernprogramms findet während der Arbeitszeit nach Rücksprache mit dem direkten Vorgesetzten und der Anmeldung in der Schulungsabteilung statt. Bisher

---

[145] siehe auch Abb. 4.

79

mußten neue Mitarbeiter bis zu einem Jahr warten, um am einmal jährlich stattfindenden Grundlagenseminar teilzunehmen. Das Grundlagenseminar ist Voraussetzung für aufbauende Seminare im Weiterbildungsprogramm. Da die Bearbeitung des Lernprogramms dem ehemaligen Grundlagenprogramm gleichgesetzt wird und das zugehörige Seminar zur Vertiefung dient, reicht bereits die Bearbeitung des ständig verfügbaren Lernprogramms als Grundlage für den Besuch weiterführender Seminare.

In der **Hochschulausbildung am INRIVER** steht das Lernprogramm den Studenten im PC-Labor der Betriebswirte auf mehreren Rechnern ständig zur Verfügung. Die Kombination mit konventionellen Lehrmethoden soll in zwei Varianten stattfinden, zum einen als Blockseminar und zum anderen als semesterbegleitende Übung.

Das Blockseminar (Abb. 19) erstreckt sich über einen Zeitraum von fünf Tagen. Am ersten Tag findet vormittags eine kurze Einführung in das CBT-Programm statt, der restliche Vormittag steht zur Bearbeitung des ersten Blocks des CBT-Programms zur Verfügung, nachmittags wird der erste Block des CBT-Programms aufgearbeitet. Diese Kombination von CBT-Lernen und Aufarbeitung wiederholt sich am zweiten, dritten und vierten Tag. Der fünfte Tag steht zur Vertiefung des Gelernten und zur Erarbeitung von aktuellen Beispielen zur Verfügung.

	Montag	Dienstag	Mittwoch	Donnerstag
9:00				
	Einführung in das Seminar Vorstellungsrunde	CBT 'Proportionale Rückversicherung'	CBT 'Nichtproportionale Rückversicherung'	Kombination von Verträgen
10:00	CBT 'Einführung'			Zusammenfassung
12:00				
13:30				
	Workshop zum 1. Teil	Workshop zum 2. Teil	Workshop zum 3. Teil	Test
16:30				

Abb. 19: Blockseminar am INRIVER

Die semesterbegleitende Übung (Ü) (Abb. 20) findet mit zwei bis drei Wochenstunden statt. Nach einer Einführungsveranstaltung (E), wird in jeder Übung ein Teil des CBT-

Programms bearbeitet. Die Studenten haben jeweils eine Woche Zeit, sich auf die nächste Übung vorzubereiten und das entsprechende Kapitel des Lernprogramms zu bearbeiten. Am Ende des Seminars ist ein zweistündiger Test (T) in Form einer schriftlichen Klausur vorgesehen.

Eine erweiterte Individualisierung von Lernzeit und Lernumgebung gelänge, wenn im Rahmen der allgemeinen Vernetzung der Universität Lernprogramme auf Netzwerk-servern bereitgestellt würden, so daß sich die Studenten über Telefonleitung das Pro-gramm auf ihren privaten Computer laden könnten.

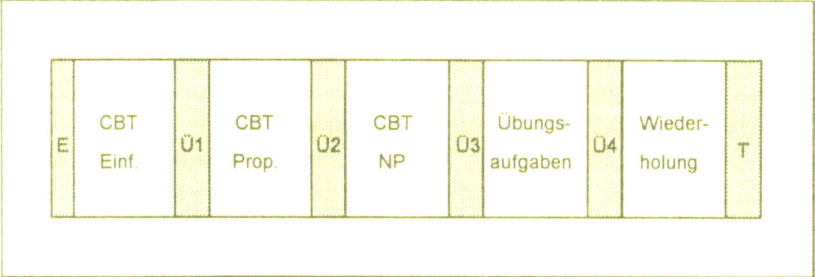

Abb. 20: Seminarstruktur am INRIVER

Je individueller die Lernzeit geplant werden kann, um so höher muß die 'Selbstlernkompetenz' der Zielgruppe sein. Selbstlernen heißt nicht nur Zeitpunkt und Inhalt frei zu wählen, der Lerner benötigt auch Wissen über sein eigenes Lernverhalten. Zeitpunkt, Dauer und Inhalt des Lernens müssen konsequent geplant und eingehalten werden. Ansonsten besteht die Gefahr, daß die Lernzeiten nur in für sonstige Aktivitäten unattraktive Zeiten verschoben werden, was jedoch nicht immer der Lerneffizienz dien-lich ist. Durch die Blockung der oben beschrieben Veranstaltung treten diese Erschei-nungen, jedoch auf Kosten der individuellen Planung, in den Hintergrund. Ein weiterer Vorteil der Blockveranstaltung ist die Möglichkeit, das Programm in Kleingruppen zu bearbeiten, wodurch eine Kommunikation zwischen den Lernern zustandekommt und durch gegenseitiges Erklären der Lernstoff vertieft aufgenommen wird.

6.3.   Ergebnisse der Adressatenanalyse

Die Zielgruppe des Programms setzt sich zum einen Teil aus Studenten des INRIVER und zum anderen aus neuen Mitarbeitern der BR zusammen. Da diese neuen Mitarbeiter zum größten Teil Studienabgänger darstellen, wurde als repräsentative Stichprobe eine Gruppe von 100 Studenten des INRIVER gewählt. Als Auswahlkriterium diente der Besuch der Vorlesung 'Betriebswirtschaftliche Risikoforschung'. Diese Veranstaltung wird sowohl von Studenten mit Schwerpunkt 'Versicherungswirtschaft' als auch von Studenten anderer Schwerpunkte des betriebswirtschaftlichen Studiums besucht. Dies trägt der Zielgruppe der BR Rechnung, die neue Mitarbeiter mit verschiedenen Studienschwerpunkten einstellt.

Fachliches Vorwissen:

Da es sich bei der Zielgruppe um Anfänger im Versicherungsbereich handelt, wird versicherungsfachliches Vorwissen nicht erwartet und somit in der Adressatenanalyse auch nicht evaluiert. Es ist jedoch wichtig zu wissen, welches kaufmännische Wissen vorhanden ist. Das kaufmännische Vorwissen in bezug auf das Studium ist bekannt, da es sich bei den Mitarbeitern der BR in der Regel um Diplom-Kaufleute handelt und am INRIVER um Studenten mit abgeschlossenem Grundstudium. Erfragt wurde jedoch, ob vor Beginn des Studiums schon eine Berufsausbildung absolviert wurde[146].

Bankkaufmann/-frau	6%
Industriekaufmann/-frau	4%
Steuergehilfe/-in	2%
Verlagskaufmann/-frau	1%
Finanzberater/-in	1%
Hotelkaufmann/-frau	1%
Versicherungskaufmann/-frau	1%
Verlagsbuchhändler/-in	1%
Hauptschullehrer/-in	1%
Fachlehrer/-in Steno/Maschine	1%
Fremdsprachensekretär/-in	1%
Damenschneider/-in	1%
Gesamt:	21%

Eine kaufmännische Berufsausbildung wiesen 17 % der Befragten auf. Durch dieses Ergebnis ist es sinnvoll, das kaufmännische Vorwissen auf die Studieninhalte des Grundstudiums zu begrenzen.

Computerkenntnisse:

Bei der Einschätzung der Computerkenntnisse ergab sich folgendes Bild.

---

[146] Originalfragen zur Adressatenanalyse siehe Anhang.

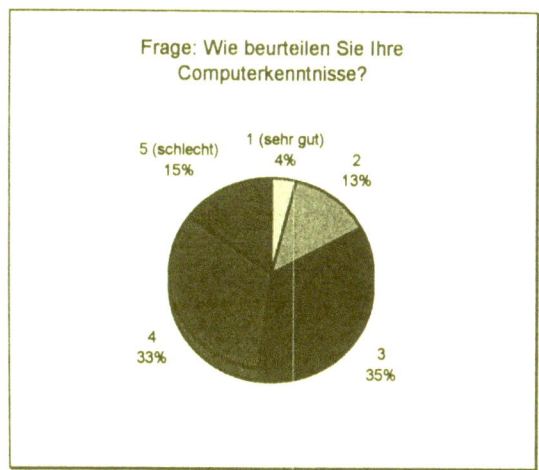

Abb. 21: Computerkenntnisse

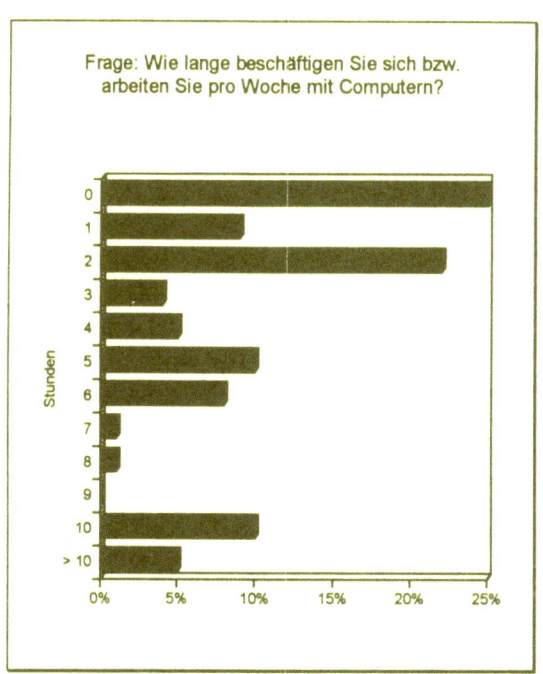

Abb. 22: Wöchentliche Arbeitszeit am Computer

Bei der Auswertung stellt sich heraus, daß 85% der Befragten zumindest über grundlegende Computerkenntnisse verfügen. Nur 15% bewerten ihre Computerkenntisse als schlecht. 75% der Befragten verbringen eine Stunde pro Woche oder länger am Computer. Diese elementaren Grundkenntnisse reichen aus, um ein Lernprogramm zu bearbeiten. Für die restlichen 15%, die ihr Computerwissen als schlecht bewerten, muß durch eine kurze Einführung sichergestellt werden, daß sie bei der Programmbedienung keine technischen Schwierigkeiten zu erwarten haben. Desweiteren ist es grundsätzlich sinnvoll, während der Lernzeit eine 'Hotline' einzurichten, damit der Lerner bei auftretenden Schwierigkeiten einen erreichbaren Ansprechpartner hat. Bei bedienerfreundlich gestalteten Lernprogrammen ist jedoch davon auszugehen, daß im allgemeinen keine Bedienungsfehler auftreten werden.

Motivation und Emotion:

Mit folgenden Fragen wurde untersucht, mit welcher Motivation die Zielgruppe an CBT-Programme herangeht und welche Erfahrungen sie mit CBT-Programmen bereits gemacht hat, um daraus Schlüsse zu ziehen, mit welcher Akzeptanz zu rechnen ist bzw. welche Faktoren die Akzeptanz des Lernprogramms stören könnten.

36% der Befragten hatten bereits Erfahrungen mit CBT-Programmen. Betrachtet man jedoch in Abb. 24 welche Themen in diesen Programmen behandelt wurden, so stellt sich heraus, daß es sich hauptsächlich um einfache Standardprogramme handelt, welche mit Software wie zum Beispiel Textverarbeitungsprogrammen ausgeliefert werden. Diese Programme entbehren meißt jeglicher Animation und Interaktion.

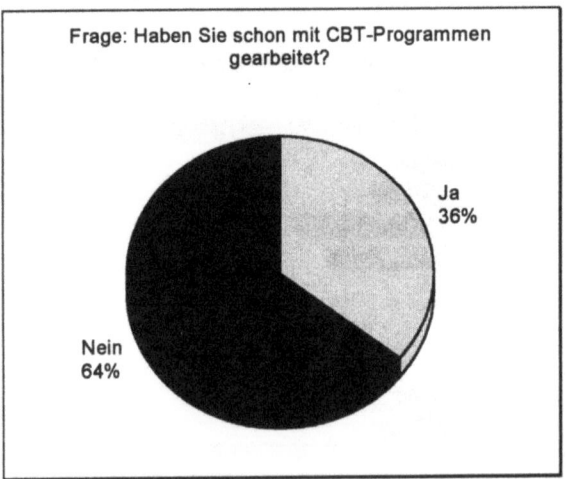

Abb. 23: Erfahrung mit CBT-Programmen

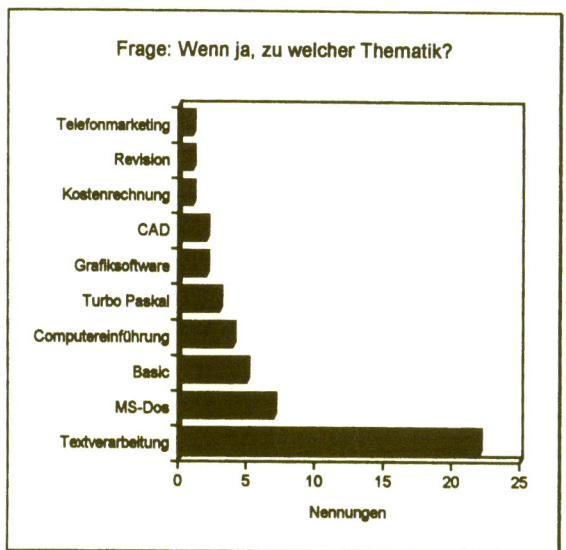

Abb. 24: Thematik bereits bearbeiteter CBT-Programme

Bei der Frage **'Was hat Ihnen gut gefallen?'** konnten folgende Schwerpunkte festgestellt werden:

- freie Zeiteinteilung

- freies Bewegen im Programm

- Überprüfen des Lernfortschritts durch Tests mit Erfolgskontrolle

- Übungsmöglichkeiten im Lernprogramm

- Visualisierung der Lerninhalte durch Grafik und Animation

- spielerisches Lernen.

Betrachtet man die Antworten, so läßt sich feststellen, daß eine Nachfrage nach Lernmitteln vorhanden ist, welche Freiheiten in der Zeiteinteilung und in der Programmbedienung bieten und dahingehend aufbereitet sind, daß das Lernen durch Visualisierung und spielerische Elemente aufgelockert ist.

Auf die Frage **'Was hat Ihnen nicht gut gefallen?'** wurden folgende Punkte genannt:

- zu schwere Tests

- zu einfache Aufgabenstellungen

- Programm zu langatmig.

Diese Antworten spiegeln die größten Probleme bei der Erstellung von Lernprogrammen wieder. Die Fragen sind so zu formulieren, daß die meisten Lerner nicht überfordert sind, aber trotzdem die Herausforderung hoch genug ist, um die Beantwortung einer Frage als Erfolgserlebnis zu verspüren. Die Kritik an der Langatmigkeit zielt auf die Polarität zwischen komprimierter Wissensvermittlung und reinem Computerspiel. Lernprogramme sollen zwar, wie wir oben gesehen haben, mit spielerischen Elementen angereichert sein, das Hauptanliegen ist jedoch die Wissensvermittlung. Der Spielcharakter kann nur den Rahmen zur Wissensvermittlung bieten, um die Motivation zu steigern, die Hauptintention des Lerners ist jedoch, etwas zu lernen.

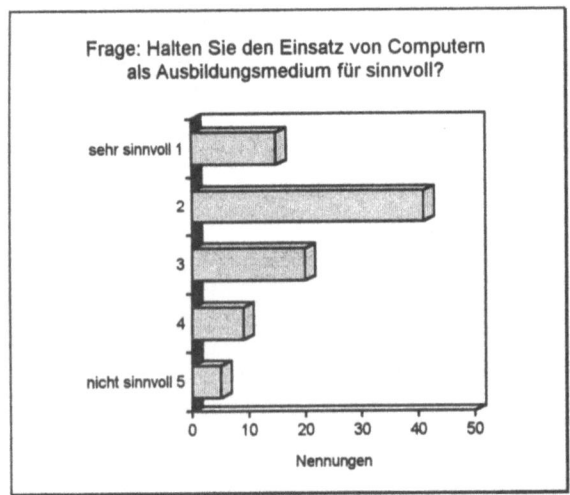

Abb. 25: Akzeptanz von CBT gesamt

Die Verteilung auf die Frage, ob der Einsatz von Computern als Ausbildungsmedium für sinnvoll erachtet wird, zeigt, daß das Medium CBT von der Zielgruppe größtenteils akzeptiert wird. Nur 5 % lehnen den Computer als Lernmittel völlig ab.Das Gesamtergebnis stimmt außerdem stark mit den Antworten der Gruppe von Befragten überein, welche bereits Erfahrungen mit CBT-Programmen gewonnen haben.

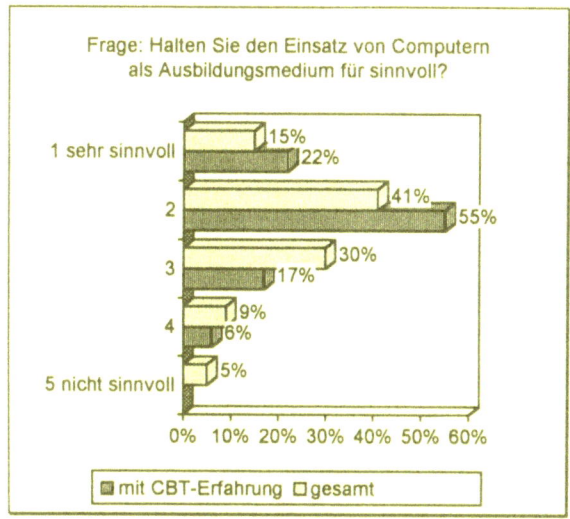

Abb. 26: Akzeptanz von CBT bei Teilnehmern mit CBT-Erfahrung

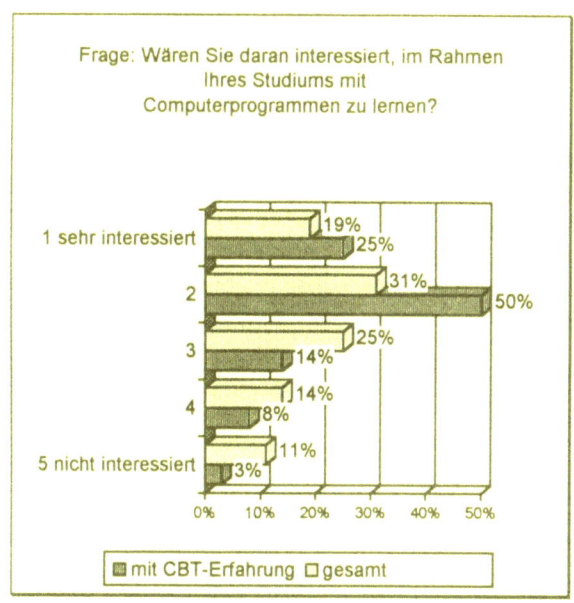

Abb. 27: CBT im Studium

Der größte Teil der Studenten akzeptiert nicht nur das Lernmittel CBT, sondern möchte auch im Rahmen des Studiums mit Lernprogrammen arbeiten. Vor allem die Ergebnisse bei Studenten mit CBT-Erfahrung unterstreichen diese Aussagen. Hier sind 75% am Einsatz von CBT im Studium sehr interessiert.

Auf die Frage nach den Erwartungen der Zielgruppe an ein Computerlernprogramm kamen Antworten wie:

- mehr Lernerfolg

- mehr Spaß am Lernen

- Bewertung des Wissens

- Zeitersparnis

- effizienteres Lernen.

Als negative Erwartungen wurden genannt:

- Verminderung der sozialen Kontakte

- Ängste vor Technisierung

- fortschreitende Anonymität in der Universität.

Die Antworten spiegeln einerseits die Probleme der heutigen universitären Lehre wieder wie zum Beispiel Anonymität und ineffiziente überfüllte Veranstaltungen, andererseits werden Lernprogramme, vor allem von Studenten mit CBT-Erfahrung, in ihrer Leistungsfähigkeit überbewertet. Für die Erstellung von CBT-Programmen sollten vor allem die Punkte 'mehr Spaß am Lernen' und 'Bewertung des Wissens' im Lernprogramm umgesetzt werden. Bei der Gesamtkonzeption und der Integration von CBT-Programmen in das Bildungsangebot müssen die Ängste vor Anonymisierung und Vereinsamung berücksichtigt werden, denn diese negativen Folgen können bei entsprechender Planung vermieden werden[147].

---

[147] Siehe Kapitel 6.2. Einsatzplanung.

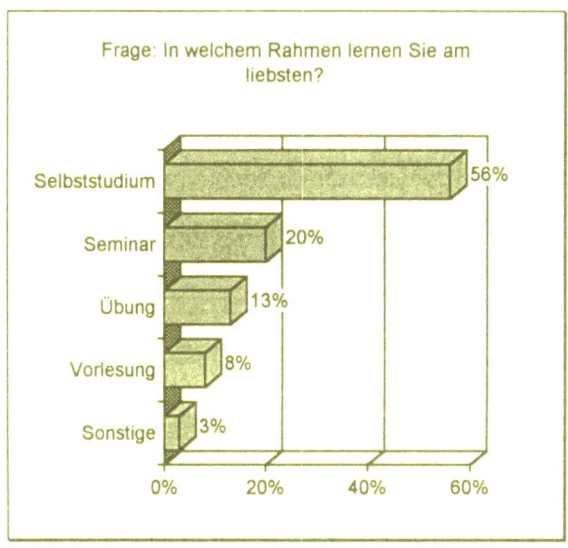

Abb. 28: Bevorzugte Lernformen

Abgesehen von dem erstaunlichen Ergebnis, daß 56% der Befragten am liebsten alleine lernen, besteht ein großes Bedürfnis nach kleinen Arbeitsgruppen, wie sie zum Beispiel im Seminar zu finden sind. In den Lehrformen Seminar und Übung stehen die Lehrformen Üben und Erarbeiten im Vordergrund, im Gegensatz zur Vorlesung, welche in der Regel aus einem Lehrermonolog besteht. Im CBT-Programm sollte den Ergebnissen Rechnung getragen werden, daß sich 33% für diese interaktiven Lernformen entschieden haben, im Gegensatz zu 3%, die die Vorlesung bevorzugen. Das heißt, das Lernprogramm sollte weniger dozierenden Charakter haben, sondern möglichst viele Möglichkeiten zur Interaktion, zum Üben und zum Überprüfen des angeeigneten Wissens bieten. Dies wird unterstützt durch die oben genannte Erwartungen an CBT-Programme. Die relativ hohe Bewertung kleiner Arbeitsgruppen sollte vor allem auch bei der Integration der Lernprogramme in die vorhandene Bildungsstruktur berücksichtigt werden. Daß 56% aller Befragten am liebsten alleine lernen, unterstützt die Entscheidung, ein Selbstlernmedium wie CBT zu entwickeln. Das Ergebnis muß jedoch relativiert werden, da diese Entscheidungen auch auf ineffiziente Lernsituationen in überfüllten Vorlesungen und Übungen zurückgeführt werden können.

Allgemeine Leistungseigenschaften

Die Konzentrationsfähigkeit am Computer liegt eindeutig unter der Leistungsfähigkeit bei konventionellem Lernen am Schreibtisch. Dies hat Auswirkungen auf die Gestaltung des Lernprogramms. Lerneinheiten, welche ohne Unterbrechung bearbeitet werden sollen, dürfen nicht länger als 30 bis 60 Minuten Bearbeitungszeit in Anspruch nehmen, um den Lerner in seiner Leistungsfähigkeit nicht zu überfordern. Inwieweit diese Grenze durch Motivationselemente im Lernprogramm ausgedehnt werden kann, muß im Einsatztest überprüft werden.

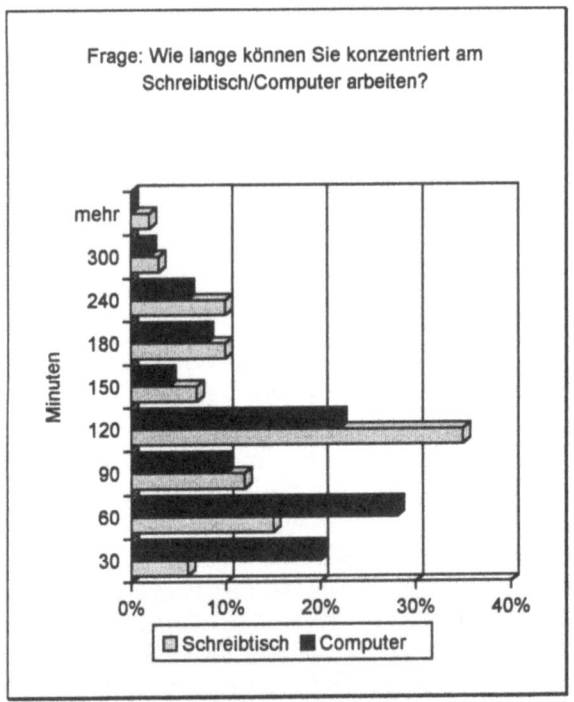

Abb. 29: Konzentrationsfähigkeit an Schreibtisch und
   Computer

Die **Frustrationsgrenze** scheint bei den Befragten sehr hoch zu sein, wobei der Schwierigkeitsgrad einzelner Fragen individuell unterschiedlich bewertet wird. Hier kann nur eine Tendenz zu einem relativ hohen Schwierigkeitsniveau festgestellt werden. Wie der Schwierigkeitsgrad der konkreten Fragen bewertet wird, muß der Einsatztest ergeben.

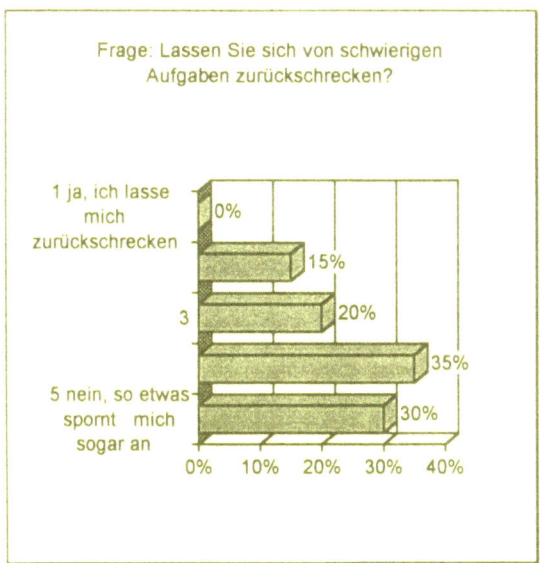

Abb. 30: Frustrationsgrenze

Freizeitgewohnheiten

Mit den folgenden zwei Fragen soll von den Lese- und Fernsehgewohnheiten auf den bevorzugten Sprachstil und die bevorzugte Informationsdarstellung geschlossen werden. 80 Nennungen von seriösen Zeitungen und Zeitschriften sowie 80 Nennungen bei sachlich gestalteten Fernsehsendungen deuten auf eine Vorliebe für einen sachlich berichtenden Stil mit komprimiertem Informationscharakter hin. Dieser sachliche Stil ist im Lernprogramm zu paaren mit der spielerischen Darstellungsweise, welche oben bereits gefordert wurde. Wobei darauf zu achten ist, daß die spielerische Darstellung auf einem praxisnahen Niveau gehalten wird, damit sie nicht lächerlich wirkt. Ansonsten ist damit zu rechnen, daß das Programm von der Zielgruppe abgelehnt wird.

Abb. 31: Leseverhalten

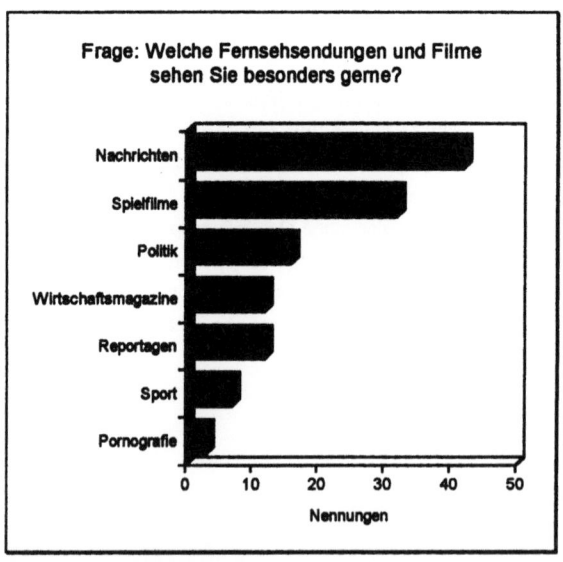

Abb. 32: Medienverhalten

Homogenität der Zielgruppe:

Betrachtet man die Antworten im Vergleich, so stellt sich heraus, daß die Zielgruppe in Hinblick auf die beantworteten Fragen ziemlich homogen ist. So haben 85% der Teilnehmer grundlegende Computerkenntnisse, mehr als 85% halten den Einsatz von Computern in der Aus- und Weiterbildung für sinnvoll, über 50% lernen am liebsten im Selbststudium, 80% können sich länger als 30 Minuten am Computer konzentrieren, und fast alle Teilnehmer bevorzugen sachliche Zeitschriften und Fersehsendungen. Teilnehmer, die dieser Homogenität nicht entsprechen, müssen insofern berücksichtigt werden, als z.B. für Teilnehmer ohne Computerkenntnisse eine Einführung in die Programmbedienung angeboten wird.

6.4. Arbeitsschritte der Drehbuchentwicklung

6.4.1. Richtziel

Im CBT-Programm 'Rückversicherung' sollten folgende Inhalte abgebildet werden:

- Allgemeine Grundlagen der Rückversicherung, der Mitversicherung und des Versicherungspools

- Grundlagen der proportionalen Rückversicherung und ihrer Vertragsarten

- Grundlagen der nichtproportionalen Rückversicherung und ihrer Vertragsarten

Die Formulierung der Lernziele und ihre Umsetzung in Lernschritte sowie die Gestaltung der Mikrowelt wurden im Projekt 'Rückversicherung' wie folgt bearbeitet.

In der ersten Projektsitzung erfolgte nach einer Vorstellungsrunde eine Einführung in computerunterstützten Unterricht. Beispiele von CBT-Programmen unterschiedlicher Qualität werden den Teilnehmern vorgeführt, um mit ihnen Qualitätsmerkmale guter CBT-Programme zu erarbeiten.

Das Ziel des Projektes wurde dargestellt und der Projektablauf mit den Teilnehmern erörtert und terminiert.

> **Richtziel:** Der Lerner soll das Prinzip der Quotenrückversicherung verstehen und dessen
> Gründe und Anwendungsmöglichkeiten kennen.

Abb. 33: Richtziel zum Kapitel 'Quotenrückversicherung'

Zum Einstieg wurden die bereits von der Projektleitung vorbereiteten Richtziele, sowie die groben Erwartungen der Projektleitung über die Inhalte des CBT-Programms vorgestellt. Je nach Bedarf und Vorwissen der Projektteilnehmer sind an dieser Stelle Fachvorträge, Schulungen oder zumindest Literaturangaben notwendig, da durch die Zusammensetzung der Projektgruppe nach dem integrativen Konzept das Vorwissen der Teilnehmer sehr unterschiedlich ist. Im Sinne des integrativen Konzepts ist es jedoch nicht erforderlich, alle Teilnehmer auf ein gleiches Wissensniveau zu bringen, da Fachexperten in die Gruppen integriert sind.

Am Ende der ersten Sitzung erfolgte die Aufgabenstellung, bis zur nächsten Sitzung, in den Arbeitsgruppen ein Grobkonzept zu erarbeiten. Das bedeutet, die Fachinhalte zu sichten, grob zu gliedern und die einzelnen Punkte in Form von Grobzielen zu formulieren. Die Erstellung der Grobziele diente vor allem dazu, ein komplexes Programm übersichtlich darzustellen. Bei der Diskussion der Feinziele stellte sich bisweilen heraus, daß Grobziele umformuliert bzw. umgestaltet werden mußten. Dies muß ausdrücklich als Möglichkeit vorgesehen werden.

Diese nur wenig strukturierte Aufgabenstellung führt zwar in der Regel zwischen der Sitzung 1 und 2 zu Irritationen in den Arbeitsgruppen, zwingt jedoch die Gruppen, sich über den notwendig erscheinenden Inhalt hinaus mit dem Thema zu befassen. Dies führt oft dazu, daß Bereiche entdeckt werden, die für das Programm sinnvoll sind, jedoch in der Vorbereitung vom Auftraggeber nicht berücksichtigt wurden.

6.4.2. Grobkonzept

In der zweiten Sitzung wird das Grobkonzept vorgestellt.

Richtziel: Der Lerner soll das Prinzip der Quotenrückversicherung verstehen und dessen Gründe und Anwendungsmöglichkeiten kennen.

1. Grobziel: Der Lerner soll sich der Grundidee der Quotenrückversicherung bewußt werden.

2. Grobziel: Der Lerner soll die Gründe für die Quotenrückversicherung verstehen.

3. Grobziel: Der Lerner soll die speziellen Fälle der Quotenrückversicherung und deren Aufgaben kennen.

4. Grobziel: Der Lerner soll die Anwendungsgebiete der Quotenrückversicherung kennen.

Abb. 34: Grobkonzept zum Kapitel 'Quotenrückversicherung'

Bei der Präsentation der einzelnen Gruppen wurden Überschneidungen der Kapitel deutlich. Inhalte, die in allen Kapiteln eine Rolle spielen, wurden für den 'allgemeinen Teil' herausgefiltert.

Bereits hier ist es sinnvoll, auf eine einheitliche Sprache zu achten, um Verwirrungen sowohl beim Lerner als auch in den Arbeitsgruppen zu vermeiden und Begriffe deutlich zu unterscheiden. Probleme entstanden z.B. mit dem Begriff 'Quote', der sowohl in der proportionalen Rückversicherung wie auch in der nichtproportionalen Rückversicherung gebraucht wird, jedoch jeweils mit unterschiedlicher Bedeutung.

Aufgabenstellung bis zur nächsten Sitzung ist die Erstellung eines Feinkonzeptes. Dies beinhaltet:

- Formulieren von Feinlernzielen

- Vorüberlegungen, an welchen Stellen Interaktionen, Grafiken, Video, Audio, Simulationen sinnvoll erscheinen

- Entwickeln alternativer Lernwege zum Standartlernweg

- Festlegen der Fachausdrücke für das Lexikon

- Fixierung von Testeinheiten (Wieviele? Wo im Programm?)

6.4.3. Feinkonzept

In den folgenden Sitzungen wird das Feinkonzept vorgestellt und abgestimmt.

Richtziel: Der Lerner soll das Prinzip der Quotenrückversicherung verstehen und dessen Gründe und Anwendungsmöglichkeiten kennen.

1. **Grobziel:** Der Lerner soll sich der Grundidee der Quotenrückversicherung bewußt werden.

   1. **Feinziel:** Der Lerner soll wissen, daß von allen Policen eines zu bestimmenden Portfeuilles des Erstversicherers ein festgelegter prozentualer Anteil des Risikos an den Rückversicherer abgegeben wird.

   2. **Feinziel:** Der Lerner soll die Prämie, die Haftung, die Kosten, und die Schäden, nach einem gleichbleibenden Prozentsatz, zwischen Erst- und Rückversicherer aufteilen können.

   3. **Feinziel:** Der Lerner soll sich der sogenannten 'vollen Schicksalsteilung' zwischen Erst- und Rückversicherer bewußt werden.

2. **Grobziel:** Der Lerner soll die Gründe für die Quotenrückversicherung verstehen.

   1. **Feinziel:** Der Lerner soll wissen, daß der Quotenrückversicherungsvertrag Schwankungen der Schadenhöhe beim Erstversicherer verringert.

   2. **Feinziel:** Der Lerner soll sich bewußt werden, daß nur eine Verringerung der absoluten Werte möglich ist.

   3. **Feinziel:** Der Lerner soll erkennen, daß durch die Quotenrückversicherung die Kapazität erhöht und somit die Solvabilität verbessert werden kann, ohne eine Erhöhung des Eigenkapitals vornehmen zu müssen.

u.s.w.

Abb. 35: Feinkonzept zum Kapitel 'Quotenrückversicherung'

Das Feinkonzept enthält die einzelnen Lernschritte, welche logisch aufeinander aufbauen, wobei bei jedem Lernziel zu entscheiden ist, ob vom Allgemeinen zum Speziellen oder umgekehrt vorgegangen wird. Es ist eine Mischung von 'Entdeckendem Lernen' durch Analyse und Lernen durch Synthese anzustreben, um den jeweiligen Inhalten gerecht zu werden.

Entdeckendes Lernen durch Analyse: Traditionell wird ein Sachverhalt zunächst erklärt und dann abgefragt. CBT bietet jedoch die Möglichkeit, diese Vorgehensweise umzudrehen. Zuerst wird ein Problem aufgezeigt bzw. eine Frage gestellt und dann ist der Lerner gefordert, dieses Problem zu lösen. CBT unterstützt dieses Vorgehen durch die Analyse der Lernerinteraktionen. Der Lerner entdeckt so durch eigenständiges Handeln und Denken den Sachverhalt.

Lernen durch Synthese: CBT bietet die Möglichkeit, dem Lerner - ähnlich wie bei einem Baukasten - Bausteine zur Verfügung zu stellen, die er beliebig kombinieren kann. Für jede solche Kombination muß eine Analyse vorliegen, die dem Lerner Vor- und Nachteile bzw. Fehler der Kombination aufzeigen. Unter Nutzung von künstlicher Intelligenz wird es wohl bald möglich sein, auch neue Kombinationen, welche vom CBT-Autor nicht vorgedacht wurden, zu analysieren. Dies würde bedeuten, daß die Komplexität der Kombinationsmöglichkeiten, welche heute noch sehr eingeschränkt ist, stark zunehmen könnte.

Besteht die Möglichkeit, Inhalte auf unterschiedlichen Verständnisniveaus oder mit verschiedenen Beispielen anzubieten, sollten alternative Lernwege eingerichtet werden. Setzt man einen mündigen Lerner voraus, ist es empfehlenswert, ihm alternative Lernwege vorzuschlagen, die Entscheidung für einen alternativen Lernweg aber dem Lerner zu überlassen.

Eine weitere Aufgabe des Feinkonzeptes ist es, sich zu überlegen, welche Darstellungsform für welches Lernziel gewählt werden soll. Es ist sinnvoll, den gleichen Inhalt möglichst in unterschiedlichen Formen darzustellen, um den unterschiedlichen Lernertypen gerecht zu werden: Grafisch, in Text und Zahlen oder mit realen Bildern, zum Beispiel durch Videosequenzen.

Die Erstellung des Drehbuchs ist die Aufgabe bis zur nächsten Sitzung. Die Umsetzung der im Detail geplanten Lernziele in die Mikrowelt des CBT-Programms ist die Hauptaufgabe der Drehbucherstellung. Es muß eine Rahmenhandlung kreiert werden und die Beispiele müssen auf diese Handlung abgestimmt werden. Die Rahmenhandlung und die Beispiele sollten soweit möglich dem realen Umfeld der betrieblichen Praxis entsprechen, um den späteren Transfer des Gelernten zu erleichtern. Die Rahmenhandlung dient sowohl als Orientierungshilfe im Lernprogramm als auch der praxisnahen Darstellung der Inhalte. Im Lernprogramm Rückversicherung wurde als Rahmenhandlung eine Beratungssituation zwischen Erst- und Rückversicherer konstruiert. Die Beratung findet in der jeweiligen Vertragsabteilung statt, wobei die grobe Einteilung der Abteilungen in proportionales und nichtproportionales Geschäft in der Realität wiederzufinden ist, jedoch nicht die Einteilung in einzelne Vertragsarten. Die Einteilung der Abteilungen in Vertragsarten ist ein Zugeständniss an die Lernerführung. Bei der Entwicklung der Beispiele war es sehr hilfreich, daß in den Autorenteams Praktiker integriert waren, so konnten die Beispiele sehr praxisnah gestaltet werden.

6.4.4. Drehbuch

Die Präsentation und Überarbeitung der Drehbuchteile erfordern in der Regel mehrere Plenumssitzungen, da in diesen Sitzungen abschließend alle Details, soweit überhaupt möglich, festgelegt werden.

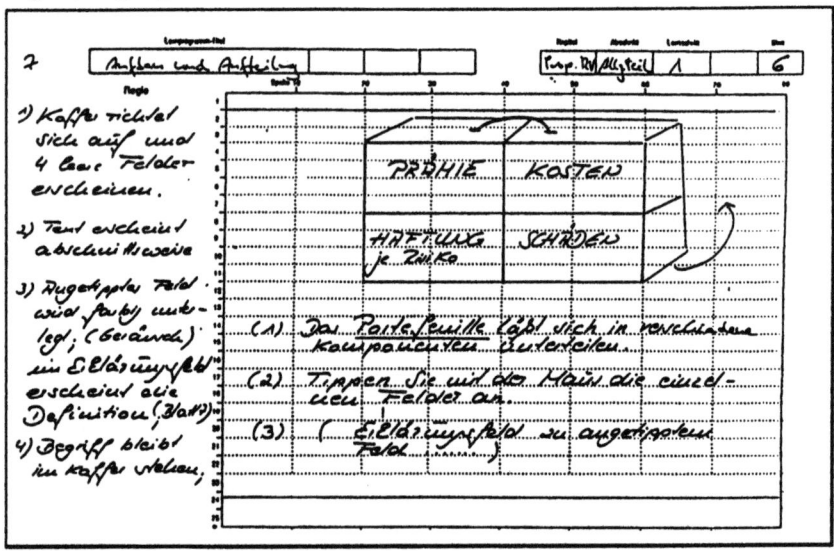

Abb. 36: Drehbuchseite des Kapitels 'Quotenrückversicherung'

Ablaufschema, Rahmenhandlung und Beispiele müssen in den einzelnen Kapiteln auf die anderen Kapitel abgestimmt werden, damit das Programm möglichst realitätsnah gestaltet wird, gleichzeitig aber abstrakt genug gehalten wird. Denn Ziel ist es nicht, die Realität detailgetreu abzubilden, sondern auf ein bestimmtes Maß zu abstrahieren, um die Lernziele deutlich zu machen. Problematisch wird dies, wenn Inhalte in der Praxis anders gehandhabt werden als in der zu vermittelnden Theorie. Im CBT-Programm Rückversicherung ergab sich dieses Problem bei der Kostenaufteilung in der Quotenrückversicherung, welche in der Praxis doch stark von der theoretisch 'proportionalen' Aufteilung abweicht. Um die Praxisnähe zu erhalten, muß an solchen Stellen ein Hinweis auf die Diskrepanz zwischen Theorie und Praxis eingefügt werden.

Eine weitere Hauptaufgabe der Drehbucherstellung ist die Vereinheitlichung der Sprache und die Formulierung von Texten. Die einzelnen Drehbuchteile wurden in unterschiedlichen Gruppen erarbeitet und sind somit von unterschiedlichem Sprachstil geprägt. Auf die konsequente Anwendung der Fachsprache wurde bereits hingewiesen. Bei der Drehbucharbeit muß jedoch auch der Sprachstil harmonisiert werden. Dies kann durch einen Lektor erfolgen oder bei der Drehbuchpräsentation im Plenum. Beim integrativen Konzept hat der Autorensystemspezialist bereits bei der Drehbucherstellung mitgearbeitet und kann somit die Aufgabe des Lektors wesentlich besser erfüllen als ein außerhalb des Entwicklungsteams stehender Lektor. Es besteht die Möglichkeit, die Vereinheitlichung der Sprache mit der technischen Umsetzung zu koppeln. Wird dem Autorensystemspezialisten bzw. dem Team, welches für die technische Umsetzung verantwortlich ist, die Aufgabe der Textkorrektur übertragen, so erspart dies nicht nur einen Arbeitsgang, sondern auch zeitraubende Diskussionen im Plenum über unterschiedliche Textformulierungen.

Im großen und ganzen hat sich die Aufteilung in die Schritte Grobkonzept, Feinkonzept, Drehbuch im Projekt 'Rückversicherung' bewährt. Die o. g. drei Sitzungen sind nicht gleichzusetzen mit drei Sitzungsterminen. Der erste Punkt kann, bis auf die Fachschulung, an einem Termin abgehandelt werden. Die Präsentation der Grobziele sollte auch an einem Termin erfolgen, um den Beteiligten den Überblick über das ganze Projekt zu ermöglichen. Bereits die Präsentation der Feinziele, vor allem aber die Abstimmung des Drehbuchs, erfordern jeweils mehrere Termine, da hier jedes Detail gemeinsam abgestimmt werden muß. Größere Änderungen werden in die jeweiligen Arbeitsgruppen zurückgegeben und beim folgenden Termin neu vorgestellt. In einer abschließenden Sitzung sollte das Drehbuch noch einmal in einem Durchgang vorgestellt werden, so daß der Überblick über das Programm wiederhergestellt wird.

6.5.   Ergebnisse der Akzeptanzanalyse

6.5.1.   Fragen zur Person

Zum CBT-Programm 'Rückversicherung' wurde ein Pilotprojekt mit dem Inhalt 'Quotenrückversicherung' durchgeführt. Die Quotenrückversicherung stellt ein Teilgebiet des endgültigen Programms dar. Sie bot sich als Inhalt des Pilotprojektes an, da sie ohne weitere Probleme als selbständiges Lernprogramm erstellt werden konnte. Nach

Abschluß der Produktion wurde in der BR eine Lernstation installiert, auf welcher Mitarbeiter der BR das Lernprogramm durcharbeiten konnten. Die Testpersonen wurden gebeten, nach der Durcharbeitung einen Fragebogen auszufüllen. Bei der Zusammenstellung der Testgruppe wurde darauf geachtet, daß eine möglichst heterogene Testgruppe entsteht. Die Testpersonen stammten aus verschiedenen Unternehmensbereichen und Hierarchiestufen. An der Untersuchung nahmen innerhalb einer Woche 14 Teilnehmer teil, 13 Fragebögen wurden abgegeben. Der Pretest zeigte deutlicheTendenzen auf. Die Auswertung lieferte folgende Daten:

Alter und Geschlecht:

Die Altersstruktur der Teilnehmer entspricht in etwa der Struktur der BR. Das Durchschnittsalter der BR betrug zum Jahresende 1988 38 Jahre, während das Durchschnittsalter der Testgruppe ca. 33 Jahre beträgt. Es nahmen fünf männliche und acht weibliche Personen teil.

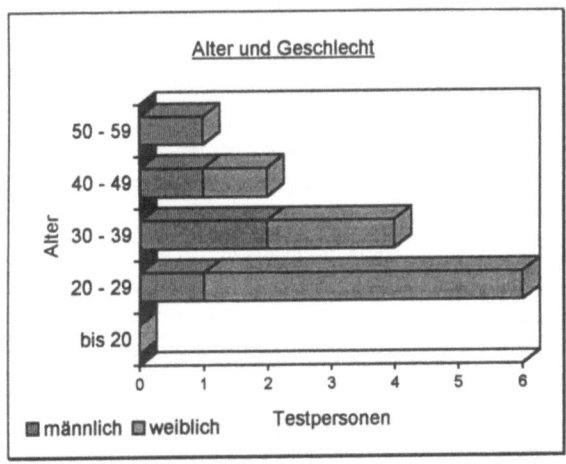

Abb. 37: Alter und Geschlecht

PC-Kenntnisse:

Die Vorkenntnisse im PC-Bereich waren sehr unterschiedlich. Fast die Hälfte der Teilnehmer hatten keine oder nur schlechte Vorkenntnisse, während sieben Teilnehmer ihre Kenntnisse als gut bis sehr gut einstuften. Zwei der Kandidaten hatten bereits CBT-Erfahrung.

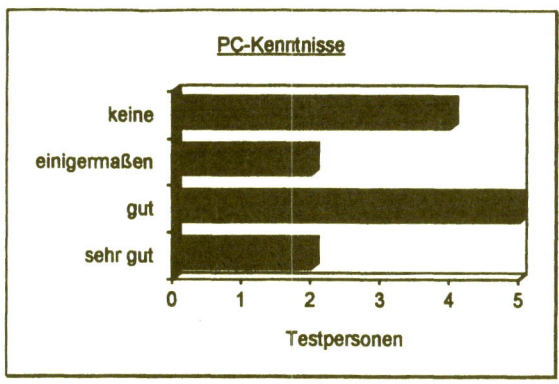

Abb. 38: PC-Kenntnisse

6.5.2. Fragen zur Lernsituation und Lernorganisation

Im Fragebogen zum CBT-Programm 'Rückversicherung' wurde auf Fragen zur räumlichen Gestaltung der Lernsituation verzichtet, da das Programm an unterschiedlichsten Orten im Hause der BR und am INRIVER eingesetzt werden soll.

Auf die Frage nach möglichen Gründen für einen Abbruch der Lernphase gaben alle 13 Teilnehmer an, daß sie das Lernprogramm ohne Unterbrechung durcharbeiten konnten. Das heißt, weder Störungen in der Lernumgebung oder fehlende Zeit, noch technische oder inhaltliche Probleme führten zur Unterbrechung des Programms.

Auf die Frage, wie lange sich die Teilnehmer bei der Arbeit mit dem CBT-Programm konzentrieren können, kann die maximale Länge zusammenhängender Kapitel abgeleitet werden. Da 40 Prozent der Teilnehmer angaben, daß sie sich maximal eine Stunde konzentrieren können, sollte die Länge abgeschlossener Kapitel eine Stunde nicht überschreiten.

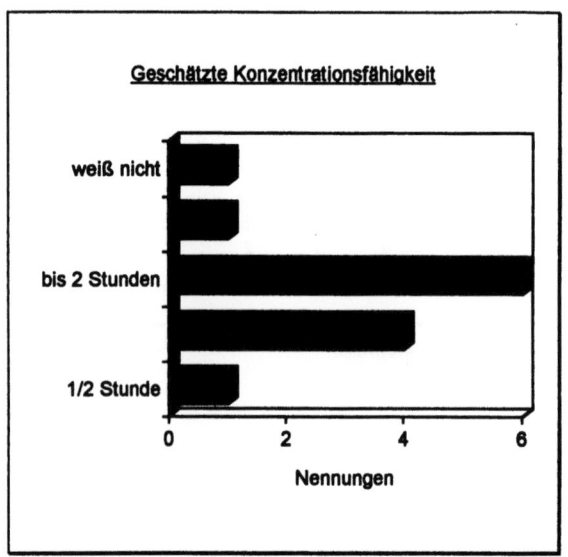

Abb. 39: Geschätzte Konzentrationsfähigkeit

Vergleicht man die Fragen zur kooperativen Lernorganisation, erkennt man, daß vor allem Lerner, die das Programm gemeinsam erarbeitet haben, die kooperative Lernform auch für sinnvoll hielten. Ein Zusammenhang zwischen PC-Kenntnissen und der Tendenz, alleine bzw. zusammen zu lernen, konnte nicht festgestellt werden. Lerner mit guten bis sehr guten Kenntnissen wollten zu gleichen Teilen alleine bzw. zusammen lernen, während Lerner mit schlechten PC-Kenntnissen eher zusammen lernen wollten. Daß acht von dreizehn Teilnehmern das gemeinsame Bearbeiten des CBT-Programms für sinnvoll erachten, sollte sich in der Einsatzplanung wiederspiegeln. So muß zum Beispiel bei der Planung der Lernplätze darauf geachtet werden, daß auch für mehrere Lerner genügend Platz zur Verfügung steht. Bei der Ankündigung des Lernprogramms sollte ausdrücklich auf die Möglichkeit des kooperativen Lernens hingewiesen werden, um dieser Lernergruppe gerecht zu werden.

102

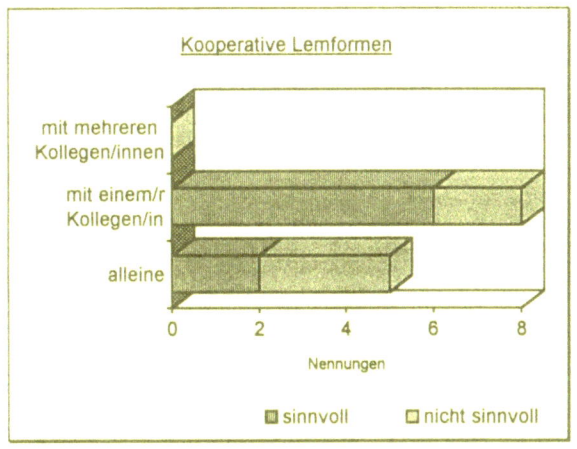

Abb. 40: Kooperative Lernformen

6.5.3. Bewertung des CBT-Programms 'Quotenrückversicherung'

Auf die offene Frage nach der **individuellen Bearbeitungszeit** antworteten sieben Personen mit 30 Minuten, drei Personen mit 40 Minuten, eine Person mit 55 Minuten und zwei Personen mit 60 Minuten, wobei die beiden Personen, die 60 Minuten benötigten, explizit angaben, daß sie sich während dieser Zeit auch über das CBT-Programm unterhalten haben. Hieraus ergibt sich eine durchschnittliche Bearbeitungszeit von ca. 40 Minuten für das Pilotprojekt 'Quotenrückversicherung'.

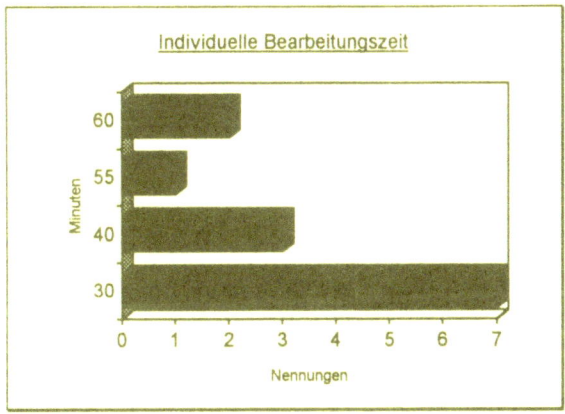

Abb. 41: Individuelle Bearbeitungszeit

103

Die **gesamte Dauer** des Lernprogramms wurde von der überwiegenden Mehrheit von 10 Personen als 'gerade richtig' empfunden. Nur eine Person empfand die Dauer als etwas zu lange und zwei Personen bewerteten sie als etwas zu kurz.

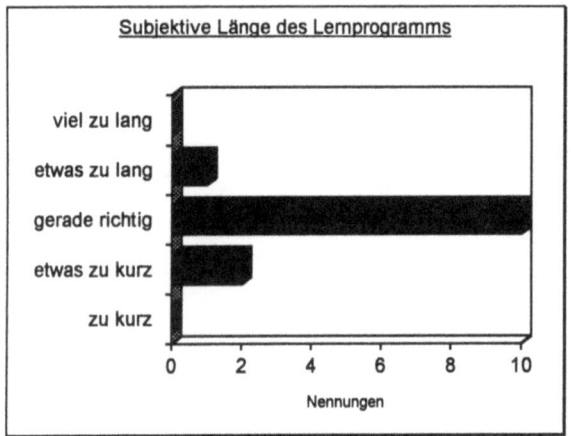

Abb. 42: Subjektive Länge des CBT-Programms

Vergleicht man die geschätzte Konzentrationsfähigkeit mit der individuellen Lernzeit, so ergibt sich folgendes Bild.

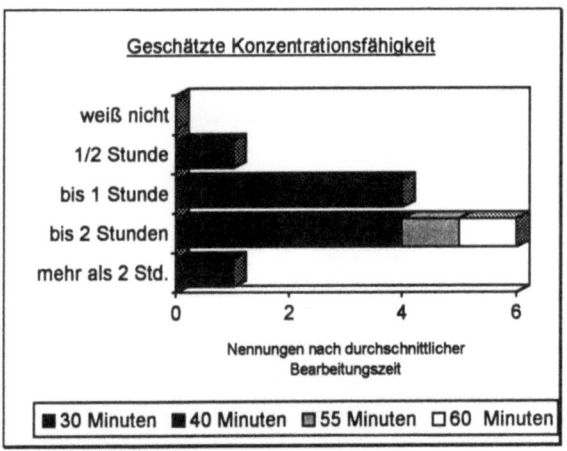

*Abb. 43: Geschätzte Konzentrationfähigkeit zu durch-
schnittlicher Bearbeitungszeit*

Der Großteil der befragten Personen kann sich zwischen einer halben Stunde und zwei Stunden bei der Arbeit mit CBT-Programmen konzentrieren, während die individuelle Lernzeit von 30 bis 60 Minuten schwankte. Die Testpersonen, die für die Durcharbeitung länger gebraucht haben, glauben auch, sich länger konzentrieren zu können. Die Durcharbeitungszeit lag auch etwas höher, wenn zu zweit gearbeitet wurde.

Auch hier bestätigt sich, daß die Kapitellänge unter 60 Minuten liegen sollte.

Zu **Aufbau und Gliederung, Sprache (Verständlichkeit), Übersichtlichkeit und Lernerführung** erzielt das Programm durchweg gute Noten.

Auf die Frage, ob das CBT-Programm den Erwartungen entspräche, antworteten sieben Teilnehmer mit ja, vier mit teils/teils, einer mit nein und eine Testperson machte keine Angaben.

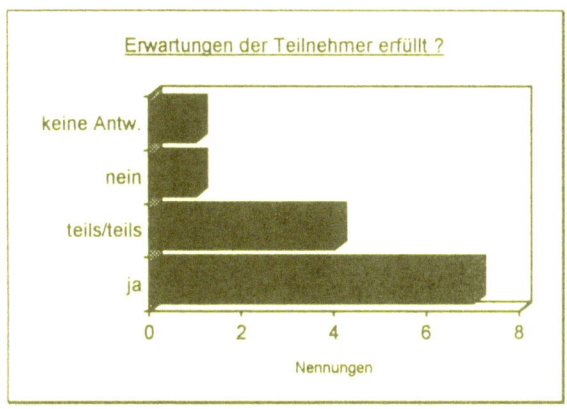

Abb. 44: Erwartungen der Teilnehmer

Für ihre Antworten lieferten die Testpersonen folgende Begründungen:

ja	einfache genaue Erklärungen
	leicht zu bedienen, anschauliche Grafiken, gute Lernbeispiele
teils/teils	2x inhaltliche Kritik am Abschnitt 'Stütz- und Finanzierungsquote'
nein	Beispiele sind ganz gut, aber am Anfang zu viele Bilderklärungen,
	zu kindisch angelegt, mehr Testfragen wären gut

Betrachtet man diese Antworten näher, so sieht man bei den positiven Reaktionen, daß die Testpersonen hohen Wert auf klare Darstellung und leichte Bedienbarkeit legen. bei den beiden negativen Reaktionen wird deutlich wie unterschiedlich die spielerischen

Elemente von den Testpersonen aufgenommen werden. Was für einen Teil der Testpersonen anschauliche Grafiken sind wirkt auf andere kindisch.

Die Bewertung mit Schulnoten führte zu folgenden Ergebnissen:

	1 2 3 4 5 6	∅
Aufbau und Gliederung des Programms		1,92
Verständlichkeit der verwendeten Sprache	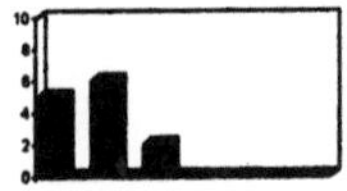	1,77
Übersichtlichkeit der Bildschirmseiten	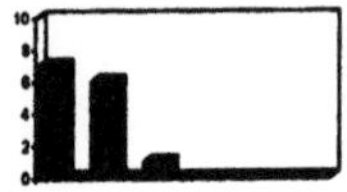	1,46
Farbliche Gestaltung der Bildschirmseiten	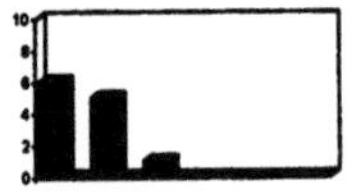	1,58
Lernerführung durch das Programm	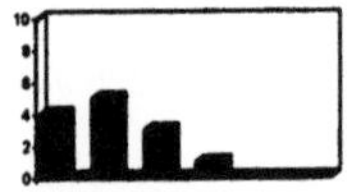	2,08
Tonfolgen und Tonqualität	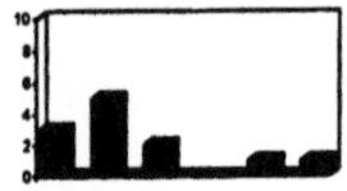	2,5
Note für das gesamte Programm		2,15
	1 2 3 4 5 6	

Abb. 45: Bewertung des CBT-Programms mit Schulnoten

Auffällig an der Benotung war, daß die Testpersonen ohne Computererfahrung im Durchschnitt bessere Noten vergaben als Testpersonen mit Vorkenntnissen. Dies weist darauf hin, daß die Bedienung des Programms problemlos war, jedoch noch nicht den gestiegenen Ansprüchen von fortgeschrittenen PC-Benutzern entspricht[148]. Diese Vermutung spiegelt sich auch in den Antworten zu positiven und negativen Erfahrungen wieder.

Positive Erfahrungen:
- Aufgabenstellung sehr gut
- Beantwortung der Fragen kann ganz unterhaltend sein
- sehr übersichtlich strukturiert
- Testmöglichkeiten des Neugelernten
- Ich finde es toll, wie das 'trockene' Thema Rückversicherung so unterhaltsam 'verpackt 'wurde.
- Wissensstand nett geprüft
- Wiederholung des Lernstoffs mit anderer Methode, dadurch Vertiefung des Gelernten
- sehr 'unterhaltsam'
- individuelle Vorgehensweise möglich
- Einprägsamkeit
- leichte Bedienbarkeit
- optisch (akustisch) ansprechend
- keine Abschreckung durch Überlänge
- Wiederholung des gesamten Themas nach vorhergehendem Referat
- Möglichkeit der Überprüfung der eigenen Kenntnisse
- wenig Lernaufwand
- spezifische Informationen immer abrufbereit (Lexikon)
- Kontrolle bei Übungen
- Verständnis und Wissen sofort überprüfbar

Negative Erfahrungen:
- zu langatmig und teilweise zu primitiv aufgebaut
- akustische Untermalung teilweise sehr erheiternd
- Frage 4 des Tests unglücklich formuliert
- ab und zu Bedienungsschwierigkeiten (Wo ist z.B. die Löschtaste?)

---

[148] Siehe *Brodbeck*, F.C.: Lernen mit dem Computer, a.a.o., Seite 106.

- Der Bildschirmaufbau ist noch nicht ganz ausgereift, z.B. das Lexikon ist noch nicht vollständig sortiert. Der Komfort des Programmes muß noch verbessert werden
- teilweise langsam, dadurch unklar, ob man warten muß oder mit Eingabe von RETURN die Sache abkürzen kann
- Test sollte schwieriger sein
- teilweise langatmige Erklärungen zu einfachen Begriffen, anfangs zu ausführlich, später zu schnell
- Das Thema Schicksalsteilung ist graphisch nicht gut dargestellt. Die Darstellung der 'Gewinn- und Verlustverteilung' ist irreführend. Man kann im Programm nicht zurückfahren
- 'keine'

Die positiven Erfahrungen beziehen sich in der Mehrzahl auf den Aufbau bzw. auf die Struktur des Programmes ('sehr übersichtlich strukturiert', 'Wieder-holung des Lernstoffs mit anderer Methode', 'sehr unterhaltsam', 'leichte Bedienbarkeit', 'optisch ansprechend'.

Die negativen Erfahrungen beziehen sich eher auf den Inhalt (z.B.: 'Frage 4 des Tests unglücklich formuliert', 'für Anfänger ohne Einführung nicht ausreichend', 'Thema Schicksalsteilung grafisch nicht gut dargestellt') und zum Teil auf die Bedienbarkeit (z.B.: 'ab und zu Bedienungsschwierigkeiten', 'wo ist die Löschtaste für Tippfehler', 'Bildschirmaufbau ist noch nicht ausgereift').

Vor allem die negativen Erfahrungen geben Aufschluß über Schwachstellen im Programm. Sie zeigen, wo das Programm inhaltlich noch einmal überarbeitet werden muß und welche technischen Probleme in einer Einführung geklärt werden müssen. Im CBT-Programm 'Rückversicherung' wurde daraufhin die Lernerführung verbessert, die fachlichen Fehler wurden entfernt. Die Möglichkeit, sich im Programm rückwärts zu bewegen, war bereits im Pilotprojekt geplant, konnte aus zeitlichen Gründen jedoch erst im Gesamtprogramm verwirklicht werden. Die Meinungen zur akustischen Untermalung gingen weit auseinander. Bedingt durch das Betriebssystem MS-DOS und den geplanten Einsatz auf unterschiedlichen Rechnern konnte eine Soundkarte nicht vorausgesetzt werden. Somit mußte im Gesamtprogramm auf Töne verzichtet werden.

6.5.4. Fragen zur Akzeptanz von CBT als Lernmedium

Die Einstellung der Testpersonen zu computerunterstütztem Lernen wurde mit folgenden Fragen evaluiert.

Das Angebot, weitere Teile der Fortbildung mit Hilfe von CBT zu unterstützen, wurde größtenteils angenommen.

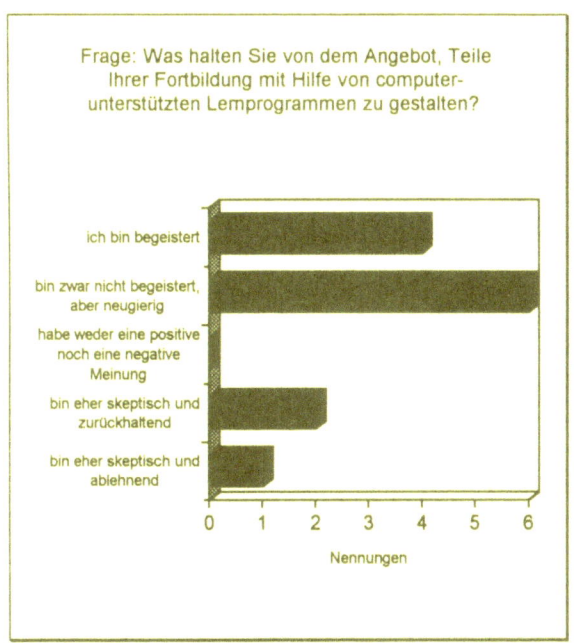

Abb. 46: CBT als Teil der Fortbildung

Unter den zehn Begeisterten und Neugierigen befanden sich auch jene vier Personen, die vor der Bearbeitung des CBT-Programms keine Computererfahrung hatten. Alle vier geben auch an, wieder mit dem Computer lernen zu wollen. Für Computerlaien stellt das Medium CBT einen spielerischen Zugang nicht nur zum Lernstoff, sondern auch zum Computer dar, da CBT-Programme in ihrer Bedienung, im Gegensatz zu Anwendersoftware, in der Regel keine Computerkenntnisse voraussetzen.

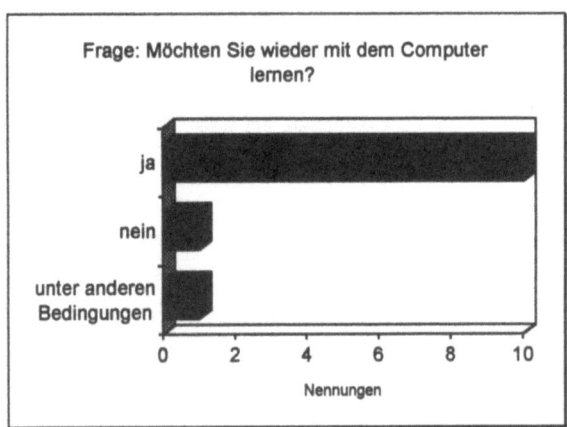

Abb. 47: Akzeptanz des Computers als Lernmedium

Vergleicht man die beiden letzten Fragen, so ergibt sich ein weitgehend konsistentes Bild. Alle Lerner, die begeistert oder neugierig auf ein CBT-Angebot sind, wollen auch wieder mit dem Computer lernen, während ein Lerner, der dem Medium CBT ablehnend gegenübersteht, auch nicht mehr am Computer lernen möchte. Auch jene Lerner, welche vor der Bearbeitung des CBT-Programms *keine PC-Erfahrungen* hatten, wollen wieder am Computer lernen und sind von dem Angebot, CBT in ihr Fortbildungsprogramm aufzunehmen, begeistert oder zumindest neugierig auf weitere Programme.

Die Bedeutung der Einbindung von CBT in ein didaktisches Konzept mit anderen Lehrmethoden zeigt die nächste Frage. Alle Kandidaten bis auf einen, welcher auch schon in den vorhergehenden Fragen dem Medium CBT ablehnend gegenüberstand, können CBT als weiteres Lernmedium akzeptieren, jedoch nur ergänzend zu anderen Methoden. Eine Versuchsperson weist ausdrücklich auf die Notwendigkeit hin, daß individuelle Fragen im persönlichen Unterricht geklärt werden müssen.

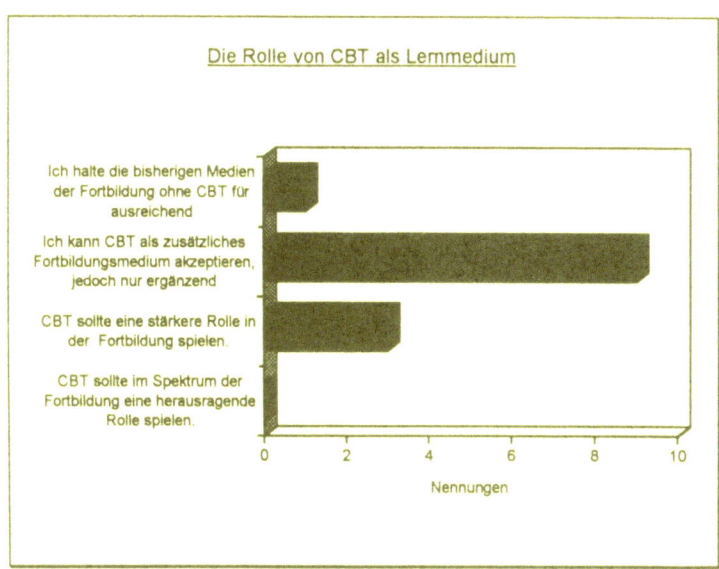

Abb. 48: Die Rolle von CBT als Lernmedium

Mit den folgenden einschätzenden und bewertenden Fragen soll auf die Akzeptanz des computerunterstützten Lernens geschlossen werden. (Abb. 48)

Auf die Frage, ob es noch andere Bereiche oder Themen gibt, die mit CBT-Programmen dargestellt werden sollten, antworten sechs Testpersonen mit ja. Die angegebenen Bereiche decken im Prinzip die gesamte Rückversicherung ab.

Fünf Personen enthalten sich, indem sie 'Weiß nicht' ankreuzen und zwei Personen geben an, daß sie keine weiteren Bereiche kennen. Die Antworten dieser zwei Personen sind konsistent zu ihren vorhergehenden Antworten, in denen sie dem Medium CBT ablehnend gegenüberstehen und auch nicht mehr mit dem Computer lernen wollen.

Das Pilotprojekt 'Quotenrückversicherung' wurde mit folgendem Polaritätenprofil bewertet:

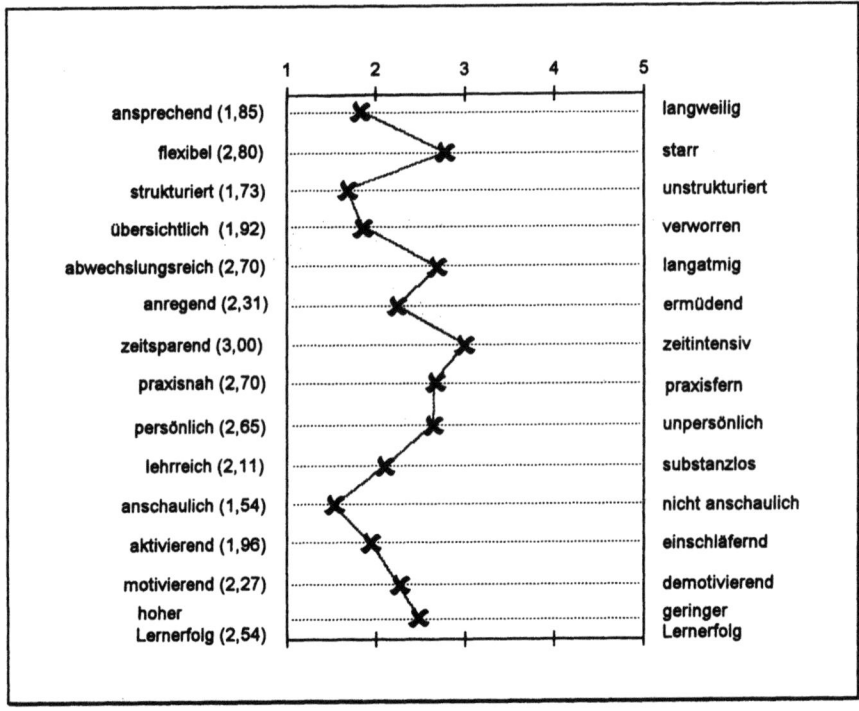

Abb. 49: Polaritätsprofil zum CBT-Programm 'Quotenrückversicherung'

Von der durchgehend guten Bewertung des CBT-Programms kann auf eine grundlegende Akzeptanz des Lernprogramms und somit des Mediums CBT geschlossen werden. Auffällig ist, daß alle Testpersonen ohne PC-Erfahrung bei zehn von vierzehn Statements CBT positiver bewerten als die Testpersonen mit PC-Erfahrung. Bei den restlichen vier Statements liegt nur eine geringe Abweichung vor.

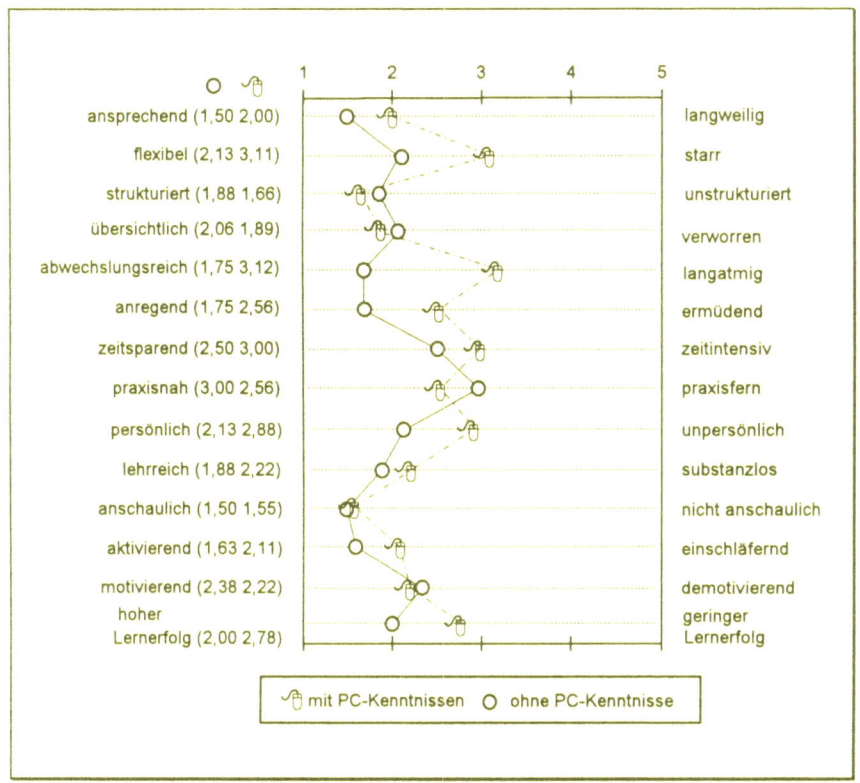

Abb. 50: Polaritätsprofil zum CBT-Programm 'Quotenrückversicherung' mit Aufschlüsselung nach Teilnehmern mit und ohne Computer-Kenntnissen.

Als Vorteil von CBT-Programmen werden in der Regel die Punkte 'höhere Eigenmotivation', 'mehr Spaß', 'leichter lernen', 'schneller lernen' und 'zeitliche Unabhängigkeit' genannt[149]. Die nächste Frage soll klären, wie die Testpersonen nach der Bearbeitung des CBT-Programms 'Quotenrückversicherung' zu diesen Äußerungen stehen.

---

[149] Vgl. *Janotta*, H.: Computer Based Training in der Praxis, a.a.0., Seite 89 ff.

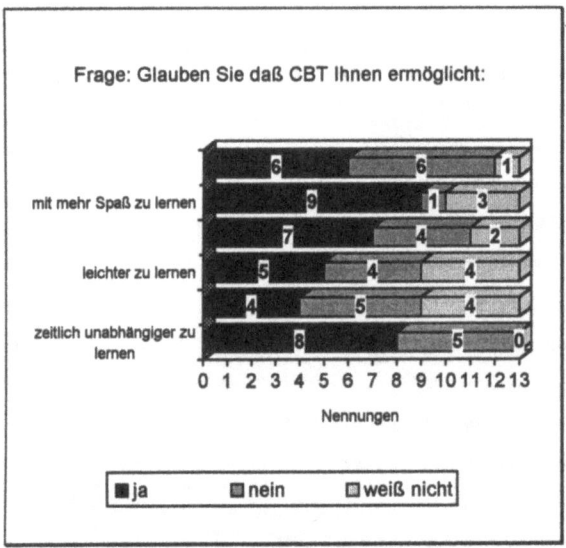

Abb. 51: Einschätzung der Vorteile von CBT

Auffällig ist vor allem die hohe Zustimmung zur zeitlichen Unabhängigkeit und die Erfahrung, daß die meisten Testpersonen glauben mit CBT mehr Spaß am Lernen zu haben. Das Argument, man könne mit CBT schneller lernen, wird vom Großteil der Testpersonen zurückgewiesen.

Auf die Frage nach weiteren Wünschen und Anregungen zum Einsatz von CBT wurde angeführt, daß CBT stärker in der Basisausbildung eingesetzt werden sollte. Ein Lerner hält CBT jedoch für überflüssig, da das Medium Buch seiner Meinung nach völlig ausreicht.

In den Wünschen und Anregungen spiegelt sich, ebenso wie in der Frage nach weiteren Einsatzbereichen, eine hohe Akzeptanz wieder. Es zeigt sich jedoch, daß es unter den Testpersonen auch Ablehnung gegenüber dem Medium CBT gibt. Dieser Einstellung muß bei der Gesamtkonzeption des Lehrangebotes Rechnung getragen werden, indem für Personen, die CBT oder das Lernen am Computer grundsätzlich ablehnen, die Möglichkeit geschaffen wird, sich den Lernstoff anderweitig anzueignen.

6.5.5. Zusammenfassung der Akzeptanzanalyse

Bedingt durch die zu kleine Stichprobe kann zwar nicht mittels statistischer Methoden auf die Grundgesamtheit der Zielgruppe geschlossen werden, dennoch zeigten sich interessante Tendenzen:

- Die durchweg gute Bewertung des Lernprogramms 'Quotenrückversicherung' weist auf eine hohe Qualität hin, so daß die meisten Standards für das Gesamtprogramm 'Rückversicherung' beibehalten werden können.

- Bei einer Kapitellänge von bis zu einer Stunde Durcharbeitungszeit leidet die Konzentrationsfähigkeit nicht.

- Für das didaktische Gesamtkonzept ist zu berücksichtigen, daß ein Bedarf an Kleingruppenarbeit am Computer besteht. Vor allem Lerner ohne PC-Erfahrung präferieren das kooperative Lernen in Zweiergruppen.

- CBT bietet für Lerner ohne PC-Erfahrung neben der Aneignung der Lerninhalte einen spielerischen Zugang zum Computer.

7. Beitrag des integrativen Konzepts zur Erreichung der Ziele der versicherungsbetrieblichen Aus- und Weiterbildung

Welche Auswirkungen hat nun ein Vorgehen nach dem integrativen Konzept auf die Ziele der versicherungsbetrieblichen Aus- und Weiterbildung? Wo spiegelt sich das integrative Konzept in der Erstellung von CBT-Programmen und in den fertigen Programmen wider?

Mögliche Auswirkungen auf sachkompetentes Handeln

Faktenwissen: CBT-Programme dienen in der versicherungsbetrieblichen Aus- und Weiterbildung der Vorbereitung auf eine Arbeitsaufgabe. Dieser Lernvorgang wird in der Regel zeitlich vor der Erledigung der Aufgabe erfolgen. Mit Hilfe von CBT-Programmen kann dies aber auch parallel zur Arbeitsaufgabe geschehen, wenn das Lernprogramm in die Arbeitsumgebung integriert wird. Das heißt, das Wissen kann dann während der täglichen Arbeitssituation abgerufen werden und in der risikofreien Umgebung des CBT-Programms direkt vor dem Einsatz ausprobiert werden. Faktenwissen wird hier in einer Wissensbasis zur Verfügung gestellt. Durch die Integration von Inhaltsspezialisten wird sichergestellt, daß das Faktenwissen in hohem Maße realitätsnah und praxisrelevant ist. Das integrative Konzept leistet somit einen Beitrag zur Durchdringung der realen Arbeitswelt.

Methodenwissen: Methoden können im CBT-Programm an beliebig vielen Beispielen geübt werden. Zusammenhänge und Abhängigkeiten können simuliert und am Bildschirm visualisiert werden. Das integrative Konzept bietet die Möglichkeit, die Arbeitsmethoden, das heißt die Methoden zur Anwendung des Faktenwissens, sowohl an die Erfordernisse der realen Arbeitswelt, als auch an die Bedürfnisse und Fähigkeiten der Zielgruppe besser anzupassen. Das Metawissen über die Lernmethoden der Zielgruppe fließt durch die Integration der Zielgruppe direkt in die CBT-Entwicklung ein und stellt sicher, daß das Lernprogramm auch in diesem Aspekt auf die Zielgruppe abgestimmt ist. Ebenso fließt das Methodenwissen der Praktiker direkt in das CBT-Programm ein. Gerade in diesem Bereich können große Übertragungsverluste eintreten, wenn das Wissen erst von einem CBT-Autor erlernt werden muß, um dann in das Programm transformiert zu werden. Der CBT-Autor kann zwar das Fachwissen lernen, aber nicht die Feinheiten der täglichen Praxis aufnehmen und umsetzen. Die Experten bringen jedoch ihr ganzes Wissen in die CBT-Entwicklung ein.

Mögliche Auswirkungen auf sozialkompetentes Handeln

Für die Erweiterung der Sachkompetenz spielt vor allem die Integration von CBT in das betriebliche Bildungssystem eine Rolle.

Konfliktsituationen durch unterschiedlichen Wissensstand in Seminaren können reduziert werden, wenn jeder Teilnehmer durch ein CBT-Programm die Möglichkeit hat, ein einheitliches Eingangsniveau zu erreichen.

Lerninhalte, welche durch CBT vermittelt werden können, werden bis heute vornehmlich durch Lernmethoden wie Vortrag oder Lehrgespräch vermittelt. Diese Lehrmethoden entbehren jedoch oft der Interaktivität zwischen Lehrer und Schüler bzw. zwischen den Schüler. Könnten Lehrer durch CBT von diesen Lerninhalten entlastet werden, so entstünde Raum für Lehrformen wie Diskussionsrunden, Workshops, Fallstudien und Gruppenarbeit, in welchen der durch CBT vermittelte Stoff aufgearbeitet werden kann.

Weniger zu empfehlen ist der Einsatz von CBT als reines Selbstlernmittel ohne anschließende Aufarbeitung und Anwendung des Lernstoffs. Vergleichbar mit dem Lehrbuch können hier Frustrationen durch Überforderung auftreten. Bei Unterforderung bleiben weitergehende Fragen offen und der Lerner kann sein Lernbedürfnis nicht befriedigen. Eine Verringerung der Aufarbeitung kann erfolgen, wenn der Lernstoff unmittelbar nach dem Erlernen im Arbeitsfeld eingesetzt wird, denn hier können noch offene Fragen mit Kollegen oder Vorgesetzten besprochen werden.

Beim integrativen Konzept ist die Zielgruppe direkt an der Einsatzplanung beteiligt. Die Sozialformen der Lehrveranstaltungen wie zum Beispiel die Bearbeitung des Lernprogramms in Kleingruppen oder die Organisation der Workshops werden somit von den späteren Lernern mitgestaltet. Dies kann zum Beispiel durch eine Verbesserung der Kommunikationsstruktur zu einer Optimierung der Lehrveranstaltung führen. Eine Verbesserung der Sozialkompetenz hat sich vor allem bei den Teilnehmern des CBT-Projekts gezeigt. Bei der Zusammenarbeit von Praktikern, Studenten und CBT-Spezialisten mußten immer wieder unterschiedliche Sichtweisen zusammengeführt werden. Bei diesen oft langwierigen Diskussionen erhielten die beteiligten Parteien Einsicht in das Sozialverhalten der anderen beteiligten Gruppen. So lernten zum Beispiel die Studenten schnell, sich auf die Argumentationsweise der Praktiker einzustellen. Einen Fortschritt in der Kommunikation zwischen den Gruppen läßt sich auch dadurch nachweisen, daß sich im Laufe des Projektes der Projektleiter immer mehr aus der Rolle des Moderators zurückziehen konnte und sich die Projektmitglieder zunehmend selbst organisierten.

Mögliche Auswirkungen auf selbstkompetentes Handeln

Durch das selbständige Planen von Lernzeit und -dauer sowie durch die Möglichkeit, Lerntempo wie auch Lerninhalte selbst zu bestimmen, liefert CBT einen Anreiz für den Lerner, über seine individuelle Lernsituation bzw. sein Lernverhalten zu reflektieren. Das Lernen mit CBT-Programmen regt den Lerner an, sich kritisch mit sich selbst auseinanderzusetzen.

Negative Auswirkungen können entstehen, wenn CBT als alleinstehendes Lernmittel benutzt wird und offene Fragen nicht aufgearbeitet werden können. Ungeklärte Tatbestände, mißverständliche Interpretationen usw. können zu Frustrationen und Verunsicherungen des Lerners führen.

Beim integrativen Konzept können die Freiräume für die eigene Planung des Lernprozesses optimal auf den Lerner abgestimmt werden, da die Erfahrungen der Zielgruppenvertreter bereits in die Konzeption der einzelnen Lernschritte, aber auch in die Einsatzplanung einfließen. Somit kann weitgehend sichergestellt werden, daß der Lerner in dieser Hinsicht nicht über- oder unterfordert wird, andererseits werden frühzeitig Situationen deutlich, in denen dem Lerner Hilfestellungen durch die Seminarleitung angeboten werden müssen. Direkt durch die Seminarleitung oder indirekt durch die Organisation der Sozialform der Lehrveranstaltung können für den Lerner Anreize geboten werden, über sein Metawissen und seine Ansichten zu reflektieren.

In der Erstellungsphase wird durch die Konfrontation von Praktikern und Studenten nicht nur das Sozialverhalten in Form von Kompromißbereitschaft gefördert. Durch die Gegenüberstellung dieser oft konträren Welten von Theorie und Praxis bieten sich auch Gelegenheiten, über seine eigenen Ansichten zu reflektieren und diese unter neuen Aspekten zu überdenken.

Das integrative Konzept kann somit sowohl bei den Projektteilnehmern als auch bei den späteren Lernern einen Beitrag zur Verbesserung der Selbstkompetenz leisten.

Mögliche Auswirkungen auf systemkompetentes Handeln

CBT-Programme bieten die Möglichkeit, vernetzte Strukturen transparent darzustellen. Durch die Konstruktion der Lernumgebung, der Rahmenhandlung, der Beispiele und Simulationen können Auswirkungen von Entscheidungen dargestellt werden. Im Gegensatz zu Planspielen, in denen zufallsabhängige Ereignisse sowie die Entscheidungen anderer Teilnehmer die Lernsituation beeinflussen, werden bei Lernprogrammen alle äußeren Variablen konstant gehalten, so daß der Lerner sich auf die jeweilige Aufgabenstellung konzentrieren kann. Die gesamten Auswirkungen der vom Lerner getroffenen Entscheidungen auf alle Betroffenen kann deshalb im CBT-Programm nur bedingt vermittelt werden. Die Steigerung der Systempompetenz sollte vor allem Ziel der begleitenden

Seminarveranstaltungen sein. Hier kann das integrative Konzept Hilfestellung leisten, da durch die Mitarbeit der Praktiker Zusammenhänge und Auswirkungen dargestellt werden können, die der realen Arbeitswelt entsprechen, auch wenn sie nicht immer mit theoretischen Erkenntnissen übereinstimmen. Durch diesen direkten Einbezug der Praktiker wird nicht nur die Systemkompetenz der am Projekt teilnehmenden Studenten erweitert, sondern durch die Seminargestaltung auch die Kompetenz der späteren Teilnehmer.

Bei konsequenter Anwendung sollte das integrative Konzept dazu führen, daß das Lernen mit CBT-Programmen positive Auswirkungen auf alle Kompetenzbereiche hat.

Anhang

I: Fragen der Adressatenanalyse:

Frage 1:
Haben Sie vor Beginn Ihres Studiums schon eine Ausbildung absolviert?

ja   ❑

nein   ❑

falls ja, als _____

Frage 2:
Wie schätzen Sie Ihre Computerkenntnisse ein?

sehr gut				schlecht
1	2	3	4	5
❑	❑	❑	❑	❑

Frage 3:
Wie lange beschäftigen Sie sich bzw. arbeiten Sie pro Woche mit Computern?
Ca. _____ Stunden.

Frage 4:
Haben Sie schon mit CBT-Programmen gearbeitet ?

ja   ❑

nein   ❑

falls ja, zu welcher Thematik?

_____

Frage 5: Was hat Ihnen gut gefallen?

_____

Frage 6: Was hat Ihnen nicht gut gefallen?

_____

Frage 7:
Halten Sie den Einsatz von Computern als Ausbildungsmedium für sinnvoll?

sehr sinnvoll				nicht sinnvoll
1	2	3	4	5
❑	❑	❑	❑	❑

Frage 8:
Wären Sie daran interessiert, im Rahmen Ihres Studiums mit Computerprogrammen zu lernen?

sehr interessiert				nicht interessiert
1	2	3	4	5
❑	❑	❑	❑	❑

Frage 9:
Welche Erwartungen hätten Sie an ein Computerlernprogramm?
(Z.B. erwarten Sie sich mehr Erfolg oder Spaß am Lernen?)

_____

_____

Frage 10:
In welchem Rahmen lernen Sie am liebsten?
Vorlesung ❑
Übung ❑
Seminar ❑
Selbststudium ❑
Sonstiges _____ ❑

Frage 11:
Wie lange können Sie konzentriert lernen?

am Schreibtisch: ____ Minuten.

am Computer ____ Minuten.

Frage 12:
Lassen Sie sich von schwierigen Aufgaben zurückschrecken?

ja, ich lasse mich zurückschrecken				nein, so etwas spornt mich sogar an
1	2	3	4	5
❑	❑	❑	❑	❑

Frage 13:
Welche Zeitschriften, Zeitungen und Bücher lesen Sie regelmäßig?
(z.B. Asterix, Handelsblatt)

_____

_____

Frage 14:
Welche Fernsehsendungen und Filme sehen Sie besonders gerne?

_____

_____

I: Fragen der Akzeptanzanalyse:

Frage 1:
Altersgruppe: unter 20 Jahren   ❑
                       20 bis 29 Jahre   ❑
                       30 bis 39 Jahre   ❑
                       40 bis 49 Jahre   ❑
                       50 bis 59 Jahre   ❑
                       über 60 Jahre   ❑

Geschlecht: weiblich ❑   männlich ❑

Abteilung: _____

Frage 2:
Konnten Sie bereits Erfahrungen mit der Bedienung eines Personalcomputers
sammeln, bevor Sie mit diesem Lernprogramm gearbeitet haben?
                       ja   ❑
                       nein   ❑
wenn ja, ich war mit der Bedienung von PC´s bereits:
    sehr gut vertraut   ❑
    gut vertraut   ❑
    einigermaßen vertraut   ❑

Frage 3:
Haben Sie bereits andere computerunterstützte Lernprogramme durchgearbeitet?
                       ja   ❑
                       nein   ❑
wenn ja, wieviele? _____

Frage 4:

Konnten Sie das Lernprogramm zeitlich zusammenhängend (in einem Stück) bearbeiten?

ja ☐

nein ☐

Falls nein, welcher Grund führte in erster Linie zur Unterbrechung?

Keine Zeit für die Gesamtbearbeitung ☐

Störungen der Lernatmosphäre ☐

Technische Probleme ☐

Nachlassen der Konzentration ☐

Fehlende Motivation ☐

Frage 5:

Wie lange können Sie sich bei der Arbeit mit dem CBT-Programm konzentrieren?

höchstens eine halbe Stunde ☐

mehr als eine halbe Stunde, aber weniger als eine Stunde ☐

mehr als eine Stunde, aber weniger als zwei Stunden ☐

zwei Stunden und länger ☐

Frage 6:

Haben Sie das Lernprogramm alleine bearbeitet?

alleine ☐

mit einem/r Kollegen/in ☐

mit mehreren Kollegen/innen ☐ ___ (Anzahl)

Frage 7:

Halten Sie es für sinnvoll, Lernprogramme dieser Art gemeinsam mit anderen zu bearbeiten?

ja ☐

nein ☐

Frage 8:

Wie lange haben Sie zur Bearbeitung des gesamten Programms gebraucht, wenn Sie die Pausen nicht mitrechnen?

_____ Stunden/Minuten

124

Frage 9:
Wie beurteilen Sie die gesamte Dauer des Lernprogramms?

zu kurz	❏
etwas zu kurz	❏
gerade richtig	❏
etwas zu lang	❏
viel zu lang	❏

Frage 10:
Entsprach das Lernprogramm Ihren Erwartungen?

ja	❏
teils/teils	❏
nein	❏

Stichpunktartige Angabe von Gründen:

_____

_____

Frage 11:
Bitte benoten Sie das Lernprogramm mit Hilfe von Schulnoten.
Kreuzen Sie bitte jeweils eine Note an.

Aufbau und Gliederung des Programms	1 2 3 4 5 6
Verständlichkeit der verwendeten Sprache	1 2 3 4 5 6
Übersichtlichkeit der Bildschirmseiten	1 2 3 4 5 6
Farbliche Gestaltung der Bildschirmseiten	1 2 3 4 5 6
Lernerführung durch das Programm	1 2 3 4 5 6
Tonfolgen und Tonqualität	1 2 3 4 5 6

Frage 12:
Welche Note würden Sie dem gesamten Programm geben?
Kreuzen Sie bitte eine Note an.

1 2 3 4 5 6

Frage 13:
Bitte beschreiben Sie stichwortartig, welche **positiven** Erfahrungen Sie mit dem Lernprogramm gemacht haben.

_____

_____

_____

Frage 14:
Bitte beschreiben Sie stichwortartig, welche **negativen** Erfahrungen Sie mit dem Lernprogramm gemacht haben.

_____

_____

_____

Frage 15:
Was halten Sie von dem Angebot, Teile Ihrer Fortbildung mit Hilfe von computerunterstützten Lernprogrammen zu gestalten?
(Bitte nur eine Antwort ankreuzen)

ich:

bin begeistert ❑

bin zwar nicht begeistert, aber neugierig ❑

habe weder eine negative noch positive Meinung ❑

bin eher skeptisch und zurückhaltend ❑

bin eher skeptisch und ablehnend ❑

Frage 16:
Möchten Sie wieder am Computer lernen?

ja ❑

nein ❑

nur unter anderen Bedingungen ❑

falls unter anderen Bedingungen, unter welchen?

_____

_____

Frage 17:
Wie ist Ihr Meinungsstand nach der Bearbeitung dieses CBT-Programms?
(Kreuzen Sie bitte das Statement an, welches Ihrer Meinung am ehesten entspricht, oder äußern Sie sich alternativ mit eigenen Worten)

Ich halte die bisherigen Medien der Fortbildung ohne CBT ❑
für ausreichend.

Ich kann CBT als zusätzliches Fortbildungsmedium ❑
akzeptieren, jedoch nur ergänzend.

CBT sollte eine stärkere Rolle in der Fortbildung spielen. ❑

CBT sollte im Spektrum der Fortbildungsmedien eine ❑
herausragende Rolle spielen.

Ich bin der Meinung:

_____

_____

Frage 18:
Gibt es andere Bereiche/Themen, die nach Ihrer Meinung in CBT-Programmen dargestellt werden sollten?

	ja	❑
	nein	❑
	weiß nicht	❑

falls ja, welche?

_____

_____

Frage 19:
Glauben Sie, daß CBT Ihnen ermöglicht:

	ja	nein	weiß nicht
zeitlich unabhängiger zu lernen	❑	❑	❑
schneller zu lernen	❑	❑	❑
leichter zu lernen	❑	❑	❑
konzentrierter zu lernen	❑	❑	❑
mit mehr Spaß zu lernen	❑	❑	❑
motivierter zu lernen	❑	❑	❑

Frage 20:

Bitte beurteilen Sie aus der nachstehenden Skala das Lernen mit dem CBT-Programm, indem Sie jeweils ein Kreuz (✖) an einem entsprechenden Wert der Skala setzen.

ansprechend	2	1	0	1	2	langweilig
flexibel	2	1	0	1	2	starr
strukturiert	2	1	0	1	2	unstrukturiert
verworren	2	1	0	1	2	übersichtlich
langatmig	2	1	0	1	2	abwechslungsreich
ermüdend	2	1	0	1	2	anregend
zeitintensiv	2	1	0	1	2	zeitsparend
praxisfern	2	1	0	1	2	praxisnah
persönlich	2	1	0	1	2	unpersönlich
lehrreich	2	1	0	1	2	sustanzlos
anschaulich	2	1	0	1	2	nicht anschaulich
aktivierend	2	1	0	1	2	einschläfernd
motivierend	2	1	0	1	2	demotivierend
geringer Lernerfolg	2	1	0	1	2	hoher Lernerfolg

Frage 21:

Haben Sie weitere Wünsche oder Anregungen zum Einsatz von CBT?

_____

_____

_____

Literaturverzeichnis

Ackermann, W.: Die Verknüpfung von Sachfragen und Bildungsfragen in der Versicherungswirtschaft von morgen, in: Internationalität der Versicherung, Festgabe für M.
Grossmann, St. Gallen 1984

Ackermann, W.: Bätscher, R.: Überlegungen zu einem zukunftsorientierten Bildungskonzept, in: Personalauswahl und -entwicklung im Versicherungsbetrieb, hrsg. von
M. Engelking und W. Stehle, Karlsruhe 1987, S. 393 ff.

Altmann, A: Direkte Manipulation: Empirische Befunde zum Einfluß der Benutzeroberfläche auf die Erlernbarkeit von Textsystemen, in: Zeitschrift für Arbeits- und Organisationspsychologie 31 (N.F.5) 3-1987, S. 108ff

Angermaier, W.: Lernpsychologie, München, Basel 1984

Atteslander, P.: Methoden empirischer Sozialforschung, Berlin-New York 1975

Ausubel, D. P.: Psychologie des Unterrichts, Bd. 2, 2. Aufl., Weinheim,
Basel 1981, S. 463 ff.

Baumgardt, J.: Beruf und Bildung als wissenschaftliches Problem, in: Handbuch der
Berufs- und Wirtschaftspädagogik, hrsg. v. U. Müllges, Hamburg 1978

Becker, H.: Langosch, H.: Produktivität und Menschlichkeit: Organisationsentwicklung
und ihre Anwendung in der Praxis, Stuttgart 1984

Behrendt, E.: Zum Entwicklungsstand informatisierter Bildungsdienstleistungen: Bürgerbeteiligtes Prototyping in der Softwareentwicklung: Erstellung von Lernprogrammen,
internes Projektmaterial, Wuppertal 1989

Beitinger, G.; Mandl, H.: Konzeption und Entwicklung eines Medienbausteins zur
Förderung des selbstgesteuerten Lernens im Rahmen der betrieblichen Weiterbildung,
Forschungsbericht Nr. 8 des Instituts für Empirische Pädagogik und Pädagogische
Psychologie der Ludwig-Maximilians-Universität München, März 1992

Benz, C.; Grob R.; Haubner P.: Gestaltung von Bildschirmarbeitsplätzen, Arbeitsplatz,
Umgebung, Organisation und Systemeinführung, hrsg. v. W. Lange, M. Hagenköter
und W. Doerken, Dortmund, Darmstadt 1981

Berufsbildungswerk der Versicherungswirtschaft (Hrsg): Ausbildung in der Versicherungswirtschaft, Grundsätze und Lösungshilfen für die Praxis und die Ausbilderprüfung, Band I, Köln 1984

Berufsbildungswerk der Versicherungswirtschaft (Hrsg): Ausbildung in der Versicherungswirtschaft, Grundsätze und Lösungshilfen für die Praxis und die Ausbilderprüfung, Band II, Köln 1984

Bodendorf, F.: Computer in der fachlichen und universitären Ausbildung, hrsg. v. A. Endres, H. Krallmann und P. Schnupp, München, Wien, Oldenburg 1990

Brodbeck, F. C.: Lernen mit dem Computer, Empirische Untersuchung lernregulativer Verhaltensweisen an einem interaktiven Lernprogramm, unveröffentlichte Diplomarbeit, Institut für Psychologie der Ludwig-Maximilians-Universität München, München 1987

Brown, A. L.: Metakognition, Handlungskontrolle, Selbststeuerung und andere, noch geheimnisvollere Mechanismen, in: Metakognition, Motivation und Lernen, hrsg. von Franz E. Weinert und Rainer H. Kluwe; Stuttgart 1984, S. 60ff

Brown, M. : Human-computer-interface design guidelines, Berkeley, California 1988

Cakir, A.; Hart, D.; Stewart, F.: Bildschirmarbeitsplätze, Berlin, Heidelberg, New York 1980

Curth, M.: Kombination von Planspieltechnik und Computer-Based-Training zur Schulung von Einkäufern im Handel, Möglichkeiten zur Messung und Verbesserung des Entscheidungsverhaltens, dargestellt an einem konkreten Schulungsprozeß, Essen 1987

Danner, H.: Methoden geisteswissenschaftlicher Pädagogik: Einführung in Hermeneutik, Phänomenologie und Dialektik, München, Basel 1979

Decker, F.: Weiterbildung im Wandel in Wirtschaft und Verwaltung, Köln 1982

Dewey, J.: How to think, Boston 1910

Dubs, R.: Ausbildungsszenarien für das Jahr 2000, in: Versicherungs-Rundschau, 12/1990, S. 360ff.

Dzida, W.: Ergonomische Normen für die Dialoggestaltung - Wem nützen die Gestaltungsgrundsätze im Entwurf DIN 66234, Teil 8?, in: Software-Ergonomie, hrsg. v. H.-J. Bullinger, Stuttgart 1985, S. 430ff

Engelking, M.; Stehle, W.: (Hrsg.), Personalauswahl und -entwicklung im Versicherungsbetrieb, Karlsruhe 1987

Euler, D.: Didaktische Reflexion: Möglichkeiten und Grenzen des computerunterstützten Unterrichts (CUU) im Hinblick auf die Gestaltung der Lehr-/Lernmethode, in: Computerunterstützter Unterricht, Möglichkeiten und Grenzen, hrsg. von P. Schmitz und N. Szyperski, Braunschweig, Wiesbaden 1987

Flavell, J. H.: Annahmen zum Begriff der Metakognition sowie zur Entwicklung von Metakognition, in: Metakognition, Motivation und Lernen, hrsg. von Franz E. Weinert, Rainer H. Kluwe, Stuttgart 1984, S. 23ff

Flitner, W: Das Selbstverständnis der Erziehungswissenschaften in der Gegenwart, Heidelberg 1957

Frese, E.: Grundlagen der Organisation, 4. Aufl., Wiesbaden 1988

Frese, M.; Brodbeck, F.: Computer in Büro und Verwaltung: Psychologisches Wissen für die Praxis, Berlin, Heidelberg 1989

Frese, M.; Schulte-Göcking, A.; Altmann, A.: Lernprozesse in Abhängigkeit von der Trainingsmethode, von Personenmerkmalen und von der Benutzeroberfläche (Direkte Manipulation vs. konventionelle Interaktion), in: Software-Ergonomie '87 - Nützen Informationssysteme dem Benutzer? hrsg. von W. Schönpflug und M. Wittstock, Stuttgart 1987

Gebert, D.: Organisationsentwicklung - Probleme des geplanten organisatorischen Wandels, Stuttgart 1974

Geißler, K. A.; u.a. (Hrsg.): Handbuch Personalentwicklung und Training: Ein Leitfaden für die Praxis, Köln 1990

Gröner, H.: Einflußfaktoren der betrieblichen Ausbildung, Der Jugendliche in der Ausbildung, in: Ausbildung in der Versicherungswirtschaft, Grundsätze und Lösungshilfen für die Praxis und die Ausbilderprüfung, Band I, hrsg. vom Berufsbildungswerk der Versicherungswirtschaft, Köln 1984, S. 56ff

Gschwandtner, H.: Beurteilungen von Bildungsveranstaltungen durch Fragebögen, 2. Aufl., Berlin, München 1978

Hanne, K. H.; Fähnrich, K.; Hoepelman J.: Integrierte multimodale Mensch-Rechner-Kommunikation - ein Beispiel eines natürlichsprachlichen und graphischen Systems, in: Software-Ergonomie '85, hrsg. v. H.-J. Bullinger, Stuttgart 1985, S. 66ff

Hardenacke, H.: Lernen mit Computer; in: Handbuch Personalentwicklung und Training: Ein Leitfaden für die Praxis; hrsg. von K. A. Geißler, u.a., Köln 1990, Loseblattsammlung Stand Mai 1991, Kapitel 9.2.2.0.

Haring, G.; Krasser T.: A realisation of a Human-Computer-Interface for a naive user - a case study, in Readings on Cognitive Ergonomics- Mind and Computers, hrsg. v. Goos, G., J. Hartmanis, Berlin Heidelberg, New York, Tokyo 1984

Heeg, F.: Angewandte Software-Ergonomie, in: Zeitschrift für Arbeitswissenschaft 41, 1987/2, S. 101ff

Hegi, O.: Projekt-Management, ein Fremdkörper in der Stab-Linien-Organisation, in: Industrielle Organisation Jg.40/1971 Nr. 9, Zürich, S. 381ff

Helten, E.: Versicherungsökonomie zwischen theoretischem Anspruch und empirischer Relevanz, in.: ZVersWiss, Berlin 1990, S. 359ff

Helten, E.: Künftige Umwelten und Versicherungen: Versicherungstechnische Möglichkeiten zur Bewältigung künftiger Risiken, in: ZVersWiss, Berlin 1992, S. 149ff

Helten, E.: Wettbewerbsvorteile durch Wissensbasierte Systeme, in: Versicherungswirtschaft, Karlsruhe 1992, S. 291ff

Helten, E.; Schmidt, H.: Das Spiel Versicherung spielend lernen, in: Die Dienstleistung Versicherungsschutz in Wissenschaft und Bildung, Festschrift für Gerhard Lukarsch zur Vollendung seines 60. Lebensjahres, hrsg v. Roland Eisen und Elmar Helten, S. 80ff

Hill, W.; Fehlbaum, R.; Ulrich, P.: Organisationslehre, Bd. 1 und 2, Bern, Stuttgart 1981

Hoffmann, T.; Klose, H.-G.; Martin H.: Handbuch zur Softwareergonomischen Gestaltung von Bildschirmmasken, Fortschr.-Ber. VDI Reihe 10 nr. 103, Düsseldorf 1989

Huber, G. L.: Kooperatives Lernen am Computer, in: Unterrichtswissenschaften, Nr. 4/1986, S. 372ff

Hüther, J.: Audiovisuelle Bildungsmedien; in: Handbuch Personalentwicklung und Training: Ein Leitfaden für die Praxis; hrsg. von Karlheinz A. Geißler u.a., Köln 1990, Loseblattsammlung Stand Mai 1991, Kapitel 9.1.1.0.

Hüther, J.: Neue Medien; in: Handbuch Personalentwicklung und Training: Ein Leitfaden für die Praxis; hrsg. von K. A. Geißler, u.a., Köln 1990, Loseblattsammlung Stand Mai 1991, Kapitel 9.1.2.0.

Ilg, R.; Ziegler J.: Interaktionstechniken, in: Software-Ergonomie, hrsg. v. K.-P. Fähnrich, München, Wien, Oldenburg 1987, S. 106ff

Issing, Ludwig J.: Bildungstechnologie in Theorie und Praxis, in: Entwicklungen und Tendenzen in der Bildungstechnologie, hrsg. von J. Hüther, und G. Lohoff, Ehingen 1989, S. 2ff

Issing, L. J.: Mediendidaktische Aspekte der Entwicklung und Implementierung von Lernsoftware, in: Interaktive Medien für die Aus- und Weiterbildung, Band I: Multimediales Lernen in der Berufsbildung, hrsg. von G. Zimmer, Nürnberg, 1990, S. 103ff

Jakob, H.: Unternehmungsorganisation: Gestaltung und Entwicklung soziotechnischer Systeme, Stuttgart, Berlin, Köln, Mainz 1980

Jankowski, R.: Informationstechnische Möglichkeiten - Hardware- und Softwarevoraussetzungen für die Realisierung von Modulen in einem CUU-System, in: Computerunterstützter Unterricht, Möglichkeiten und Grenzen, hrsg. von P. Schmitz und Szyperski, Braunschweig, Wiesbaden 1987,
S. 38ff

Janotta, H.: Computer Based Training in der Praxis: Grundwissen, Einführungsmethodik, Projektplanung und -abwicklung, Bewertungskriterien, Landsberg/Lech 1990

Joerger, K.: Einführung in die Lernpsychologie, 13. Auflage, Freiburg im Breisgau, Basel, Wien 1989

Jüchter, H.: Pädagogische Planung von Weiterbildungskursen, Bonn, Frankfurt 1978

Junior, W.: Selbstmotivation, erschienen 12/1991 in: Handbuch Personalentwicklung und Training: Ein Leitfaden für die Praxis; hrsg. von K. A. Geißler u.a., Köln 1990, Loseblattsammlung Stand Mai 1992,
Kapitel 6.2.5.1.

Kapoun, J.: Computerunterstützter Unterricht, in: io Management-Zeitschrift Nr.56, 10/1987, Zürich, S. 466ff

Keil, K. A.: Das Projekt Computerunterstützter Unterricht Augsburg, Augsburg 1976

Krueger, H.: Arbeiten mit dem Bildschirm - aber richtig!, hrsg. v. Bayerisches Staatsministerium für Arbeit und Sozialordnung, RB-Nr. 10/89/11, 9. Auflage, München 1989

Küffner, H.; Seidel, Ch.: Computerlernen und Autorensysteme, Stuttgart 1989

Kupka, I.; Wilsing N.: Dialogsprachen, Schriftenreihe: Leitfäden der angewandten Mathematik und Mechanik LAMM, Band 32, Stuttgart 1975

Lauter, B.: Softwareergonomie in der Praxis: Software anwenderfreundlich schreiben, München, Wien, Oldenburg 1987

Madauss, B.-J.: Projektmanagement: ein Handbuch für Industriebetriebe, Unternehmensberater und Behörden, 3. Auflage, Stuttgart 1990

Mandl, H.; Gruber, H.; Renkl, A.: Lehr- und Lernforschung: Neue Unterrichtstechnologien II, in: Empirische Pädagogik: 1970 - 1990; eine Bestandsaufnahme der Forschung in der Bundesrepublik Deutschland, hrsg. von K. Ingenkamp und R.S. Jäger, Weinheim 1992, Band II, Seite 484 - 505

Mandl, H.; Prenzel, M.; Gräsel, C.: Das Problem des Lerntransfers in der betrieblichen Weiterbildung, Forschungsbericht Nr. 1 des Instituts für Empirische Pädagogik und Pädagogische Psychologie der Ludwig-Maximilians-Universität München, November 1991

Martin, J. U.: Ein Handbuch für Ausbilder, Dozenten und Trainer in Wirtschaft und Verwaltung, Stuttgart 1976

Martino, R. L.: Finding the critical Path, in: Project Management and Control, Vol.I, New York 1964/65

MDA: Computer Based Training, in: Wirtschaftswoche Nr. 50, vom 8.12.1989

Murch, G., Woodworth, G.: Wahrnehmung, Stuttgart, Berlin, Köln, Mainz 1977

Niefanger, M.: Grundlagen der Beruflichen Bildung, Berufsbildung im Bildungssystem, in: Ausbildung in der Versicherungswirtschaft, Grundsätze und Lösungshilfen für die Praxis und die Ausbilderprüfung, Band I, hrsg. vom Berufsbildungswerk der Versicherungswirtschaft, Köln 1984, S. 1ff

O'Shea, T.; Self, J.: Lernen und Lehren mit dem Computer, künstliche Intelligenz im Unterricht, Basel, Boston, Stuttgart 1986

O'Shea, T.; Self, J.: Learning and teaching with computers. - Artificial Intelligence in Education, (Harvester series in cognitive science), Brighton 1983

o. V.: Informationsdienst des Instituts der Deutschen Wirtschaft, Nr. 39, Okt. 1981, S. 4

Oyen, V.; Schlegel, H. B.: Projektmanagement heute: Eine Führungsalternative unserer Zeit, Speyer 1986

Prüfers, J.: Theorie und Praxis in der Erziehung, Leipzig 1919

Reschke, H.; Svoboda, M.: Projektmanagement: Konzeptionelle Grundlagen, 2. Aufl., München 1984

Rinza, P.: Projektmanagement: Planung, Überwachung und Steuerung von technischen und nichttechnischen Vorhaben, 2. Aufl., Düsseldorf 1985

Rohr, G.: Grundlagen menschlicher Informationsverarbeitung, in: Einführung in die Software-Ergonomie, hrsg. v. H. Balzert, H.-U. Hoppe, R. Oppermann, H. Penschke, G. Rohr und N. Seitz, Berlin, New York 1988, S. 27 - 48

Rosenstiel, L. von: Grundlagen der Organisationspsychologie: Basiswissen u. Anwendungshinweise, Stuttgart 1980

Roth, E.: Denken und Fühlen, Aspekte kognitiv-emotionaler Wechsel-wirkungen, Berlin, Heidelberg, New York 1989

Roth, H.: Die realistische Wendung in der pädagogischen Forschung, in: Erziehungswissenschaft und Erziehungswirklichkeit, hrsg. von H. Röhrs, Frankfurt 1964, 2. Auflage 1967, 179ff

Sacher, W.: Computer und die Krise des Lernens: eine pädagogisch-anthropologische Untersuchung zur Zukunft des Lernens in der Informationsgesellschaft, Bad Heilbronn/Obb. 1990

Schäffer, L.: Bildung als strategischer Faktor, in: Personalführung, 11/1990, S. 726ff

Schmidt, W.: Medienanalyse/Didaktische Planung, in: Einsatz von audiovisuellen Medien in der Weiterbildung, hrsg. von W. Schmidt und R. Hammelrath, Marl 1983

Schott, B.: Determinanten künftiger Veränderungen und deren Auswirkung auf Personalauswahl und -entwicklung im Vertrieb von Versicherungen, in: Personalauswahl und -entwicklung im Versicherungsbetrieb, hrsg. von M. Engelking und W. Stehle, Karlsruhe 1987, S. 361ff

Schreiber, A.: Konzepte, Anwendungen und Chancen des Computer-Based Training, in: Infowelt, vom 14.7.1986, S. 18ff

Schulte-Göcking, H.: Lernprozesse an Textsystemen, Der Einfluß von Lernstil, Handlungsstil, Problemlösekompetenz und Persönlichkeitsvariablen auf den Lernerfolg, unveröffentlichte Diplomarbeit, Institut für Psychologie der Ludwig-Maximilians-Universität München, München 1987

Seidel,Ch.; Lipsmeier, A.: Computerunterstütztes Lernen, Entwicklungen - Möglichkeiten - Perspektiven, Stuttgart 1989

Sievers, B.; Trebesch, K.: Bessere Arbeit durch OE: Offenheit und Effizienz, in: Psychologie Heute, Juni 1980, S. 49ff

Schnell, R., Hill, P. und Esser, E.: Methoden der empirischen Sozialforschung, München - Wien 1989.

Steppi, H.: CBT - Computer Based Training: Planung, Design und Entwicklung interaktiver Lernprogramme, Stuttgart 1989

Ternes, G.: Modulare Storyboard-Entwicklung (MSE), in: Computer Based Training: Der PC in Ausbildung und Schulung, hrsg. von Hermann Brendel, Vaterstetten, 1990, S. 74ff

Thorndike, E. L.: Psychologie der Erziehung, 2.Aufl., Jena 1930

Toong, C. H. D.: Gupta, A: Personal Computer - Allzweckrechner für jedermann, in: Spektrum der Wissenschaft, 2/1983, S. 96ff

Trebesch, K: Organisatoren und Organisationsentwicklung - Selbstverständnisse, Mißverständnisse und Perspektiven, in: Zeitschrift für Organisation, Heft 2/1983, S. 84ff

Vester, F.: Denken, Lernen und Vergessen, 12. Aufl., München 1985

Wegenberger, J.: Lernen mit dem Computer: Ein Schlagwort unserer Zeit?, in: Computerlernen und Autorensysteme, hrsg. von H. Küffner, und Ch. Seidel, Stuttgart 1989

Weidenmann, B; Kapp, A.: Lernen mit dem Computer, Lernen für den Computer, in: Zeitschrift für Pädagogik, 1989, S. 621ff

Weinert, F. E.; Kluwe, R. H.: Metakognition, Motivation und Lernen, Stuttgart, 1984

Weinert, F.: Metakognition und Motivation als Determinanten der Lerneffektivität: Einführung und Überblick, in: Metakognition, Motivation und Lernen, hrsg. von Franz E. Weinert und Rainer H. Kluwe, Stuttgart 1984, S. 9ff

Weustenhagen, H.: Durchführung der betrieblichen Ausbildung, Ausbildungsmittel, in: Ausbildung in der Versicherungswirtschaft, Grundsätze und Lösungshilfen für die Praxis und die Ausbilderprüfung, Band I, hrsg. vom Berufsbildungswerk der Versicherungswirtschaft, Köln 1984, S. 167ff

Weustenhagen, H.: Durchführung der betrieblichen Ausbildung, Ausbildungsmethoden, in: Ausbildung in der Versicherungswirtschaft, Grundsätze und Lösungshilfen für die Praxis und die Ausbilderprüfung, Band I, hrsg. vom Berufsbildungswerk der Versicherungswirtschaft, Köln 1984, S. 150ff

Zweringa, H.; Haubner, P.: Gestaltung von Informationen auf dem Bildschirm, in: Software-Ergonomie, hrsg. v. K.-F. Fähnrich, Wien, Oldenburg 1987, S. 129ff

136

Autorenverzeichnis

Stichwortverzeichnis

Veröffentlichungen in der Schriftenreihe
„Versicherung und Risikoforschung"
des Instituts für betriebswirtschaftliche Risikoforschung und Versicherungswirtschaft der Ludwig-Maximilians-Universität, München,
herausgegeben von Prof. Dr. Elmar Helten: